防災行政学入門

松山雅洋／瀬川 巖
Matsuyama Masahiro　Segawa Iwao

神戸学院大学出版会

目　次

第1章

防災行政とは

1　防災を学ぶ

　震災や風水害など自然災害の多い日本では、防災とは常に意識して取り組むべき重要な課題です。国や地方自治体では、災害による被害を最小限に抑える減災や防災など、さまざまな防災対策が実施されています。

　このわが国の防災対策を体系的に学ぶのが防災行政学です。災害の多いわが国では、防災について積極的に学び、災害時の対応を身につけることは、生き残るためにも不可欠だといえるでしょう。

　防災行政の防災とは、辞書では、災害を防ぐことと書かれています。また、災害対策基本法第2条第1項第2号の用語の定義では、「防災　災害を未然に防止し、災害が発生した場合における被害の拡大を防ぎ、及び災害の復旧を図ることをいう。」と定義しています。つまり、防災とは災害を防ぐことで具体的には、災害対策基本法第1条の目的で、防災計画の作成、災害予防、災害応急対策、災害復旧及び防災に関する財政金融措置その他必要な災害対策としています。

2　災害とは

　では、防災の対象となる災害とは何かについて考えていきたいと思います。

　広辞苑で災害と引くと異常な自然現象や人為的原因によって、人間の社会生活、または人命に受ける被害と書かれています。つまり地震・洪水などの異常な自然現象であっても、人や人間社会に被害が生じない限りこれは災害ではないということになります。太平洋の真ん中で津波が起こっても人間社会に影響を与えなければ、災害ではないということです。

　次の写真1-1は土砂災害のハザードマップです。これは、土砂災害防止法により国が土砂災害の起こりやすい地形の基準を示し、都道府県が調査して土砂災害警戒区域を指定します。この写真では、黒色の線で囲まれている区域が、土砂災害警戒区域で豪雨が降った場合に土砂災害が起こりやすい場所を示しています。国の土砂災害警戒区域を指定する基準は、がけ崩れの場合は、崖の高さが5メートル以上あり、かつ崖の角度が30度以上の角度があるところとされています。土砂災害のハザードマップで黒色の線で囲まれる土砂災害警戒区域に該当します。

　写真1-1のハザードマップには、六甲山上駅（矢印）が入っています。六甲山は山なので、角度30度以上で、かつ崖の高さも5メートル以上あるところがほとんどですが、写真1-1のハザードマップでは黒色の線で囲まれていません。（注）実際の兵庫県ハザードマップは黄色で囲まれています。詳細は下記アドレスを参照。

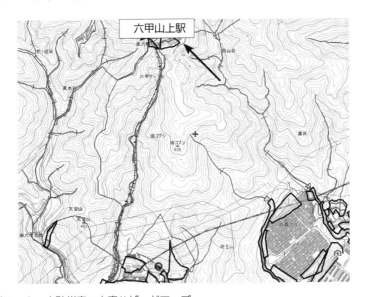

写真1-1　土砂災害・水害ハザードマップ
【出典】兵庫県CGハザードマップ
http://www.hazardmap.pref.hyogo.jp

7

これは、もし六甲山の山中でがけ崩れが起こっても住家に被害を生じないので、黒色の線で囲まれた土砂災害警戒区域に指定されていないのです。

　つまり、異常な自然現象であっても人間社会に被害が生じない限り災害ではないということになります。

　次に、防災関係法令での災害の種別の定義は、自然災害に限定している法律と自然災害に人為災害も含む法律があります。自然災害に限定した法律としては、災害弔慰金の支給等に関する法律があります。また、自然災害と人為災害も含む法律としては、災害対策基本法や消防法等があります。

　法律により災害の定義が違うのは、それぞれの法律の目的によるものです。例えば、自然災害に限定している法律に、災害弔慰金の支給等に関する法律があります。この法律が自然災害に限定しているのは、人為災害の場合は人為災害を発生させた者が存在しており、その者に対して損害を請求することができるが、それに対して自然災害は損害を請求する相手方がいないため、国が被害者に見舞金を支給することとしたものなので、自然災害に限定しています。つまり、法律が何を目的としているかによって、自然災害に限定しているか、人為災害を含んでいるのかの違いが生じています。

　防災関係法規の基本法である災害対策基本法の災害の定義を見ていきましょう。同法第２条第１号で、「暴風、竜巻、豪雨、豪雪、洪水、崖崩れ、土石流、高潮、地震、津波、噴火、地滑りその他異常な自然現象又は大規模な火事もしくは爆発その他……政令で定める原因により生ずる被害を言う。」と定義されており、自然災害と人為災害を対象としています。

　人為災害については、同法政令第１条で、「放射能の大量放出、多数

の遭難を伴う船舶の沈没その他大規模な事故」と記載されています。新型コロナウイルス感染症は災害であるといわれていますが、災害対策基本法の災害に該当するのでしょうか。このことについては、政府は2020（令和2）年5月15日付け内閣参質201第112号の答弁書で、新型コロナウイルス感染症は、災害対策基本法第2条第1号に規定する災害に該当せず」と回答しています。

　その理由として、2021年4月8日の国会答弁で「感染症の分野については、感染症予防法や新型インフルエンザ特措法などによって別途法体系が整備されていることから、政令改正によって新型コロナウイルスを災害対策基本法の対象災害の原因事象に加えることは困難である」としています。新型コロナは、災害対策基本法の災害には入っていません。

　他にもNBC災害※やテロ、武力災害攻撃もそれぞれ国民保護法や武力攻撃対処法などの別途法体系が整備されているので、災害対策基本法の災害には入っていません。

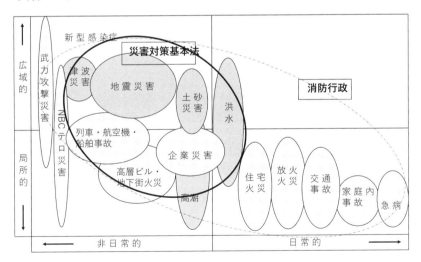

図1-1　防災行政で対象とする災害　【出典】筆者作図

　また、防災関係法令が適用される災害の基準には、災害種別のほかに災害の規模があります。災害対策基本法では、国・地方公共団体等が組織を挙げて対応しなければならない程度の自然災害と人為的災害を災害と定義しています。例えば神戸市内で1件の住宅火災が発生すると、最寄りの消防署から数台の消防自動車が出動して消火作業を行います。これは、神戸市消防局という神戸市の1組織が対応しているだけで、神戸市の全組織を挙げた対応ではありませんので、災害対策基本法の適用外ということになります。

　災害の規模は、国、地方公共団体が組織的に対応しなければならい程度の自然災害と人為的災害があります。つまり、火災でも糸魚川火災のような大規模火災で糸魚川市が災害対策本部を設置し糸魚川市の組織を挙げて対応しなければならないような大規模火災は災害対策基本法が適用される火災であるといえます。

　災害による被災規模を厳格に定めているものに災害救助法があります。

表1−1　災害救助法施行令別表第1（別表第2、第3、第4略）

(1)当該市町村区域内の人口に応じ次の世帯数以上であること(令第1条第1項第1号)

市町村区域内の人口	住家滅失世帯数	市町村区域内の人口	住家滅失世帯数
5,000人未満	30	50,000人以上　100,000人未満	80
5,000人以上　15,000人未満	40	100,000人以上　300,000人未満	100
15,000人以上　30,000人未満	50	300,000人以上	150
30,000人以上　50,000人未満	60		

※1　半壊又は半焼した世帯は、2世帯をもって滅失した一の世帯とする。(以下の住家被害対応表で同じ。)
※2　床上浸水した世帯は、3世帯をもって滅失した一の世帯とする。(以下の住家被害対応表で同じ。)

【出典】内閣府・防災情報「災害救助法の概要」令和2年度

　災害対策基本法の規模の基準は、国、公共団体が組織的に対応しなけ
ればならない規模と抽象的ですが、災害救助法は対象とする災害の種別
は災害対策基本法と同じですが、その規模は市町村の人口規模に応じた
被災規模(住家の滅失数など)とされています。例えば、表1−1のように、
市町村の人口が5000人未満の市町村であれば住家滅失世帯数が30世帯
で災害救助法の適応になります。

　災害が発生した場合の避難所の設置や食料、飲料水の提供等の被災者
の救助活動は災害対策基本法に基づいて市町村が行いますが、被災規模
が大きくなると、被災地の市町村だけで救助を行うことは財政的に不可
能であることが多いため、災害救助法で国や都道府県が被災者への援助
義務を課しています。

　災害救助法は、国、都道府県と市町村との被災者救助に関する費用負
担ついての法律であるので、市町村の人口規模と被災程度が具体的数字
で決められています。

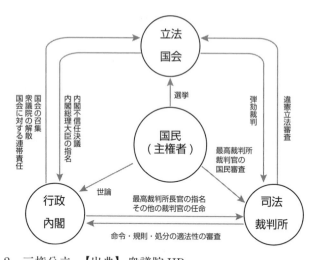

図１-２ 三権分立 【出典】衆議院 HP
https://www.shugiin.go.jp/internet/itdb_annai.nsf/html/statics/kokkai/kokkai_sankenbunritsu.htm

3 行政とは

　防災行政を学ぶにあたって行政とは何かを理解しておくことが大切で
す。常識的にはわかっていることだと思いますが、ここで整理しておき
たいと思います。

　日本国憲法は、立法権を国会、行政権を内閣、司法権を裁判所のそれ
ぞれ独立した３つの機関に分担することで、相互に抑制し合い、バラン
スを保つことにより、権力の乱用を防ぎ、国民の権利と自由を保障する
三権分立の原則を定めています。つまり、国会を唯一の立法機関とする
ことで国政を民主的に統制し、内閣は、国会で決められた法律や予算に
基づいて国の仕事を進める。司法権を独立の裁判所の裁判に委ねること
で、裁判所を個人の権利・自由を守る最後の砦とされています。

　このように、内閣は独自の判断で行政活動を行うのではなく、国民の

代表者で構成された国会の制定する法律に従って行政活動を行わなければならないという「法律による行政の原則」が適用されます。

　法を作る権力と、それを適用し、執行する権力とが、はっきりと区別されるようになれば、「支配者が人民に対し直接に権力を行使しようとするときには、立法機関によってつくられた法に従うことが必要となり、支配者といえども、任意にその権力を行使することはできない。」つまり、法は、被治者のみならず、支配者をも拘束する。これを法の両面拘束性といいます。

　行政組織には、大きく分けると国の仕事を行う内閣、総務省などの各省庁と地方の仕事を行う都道府県や市町村があります。もちろん国の組織の自衛隊、都道府県の組織である警察、市町村の組織である消防も行政組織です。

　これらの行政組織は法に基づいて法律に従って行政活動を行わなければならないという「法律による行政の原則」が適用されます。

　「法律による行政の原則」は、行政権の恣意的な行為を防止して、民主主義社会を維持する上で大切な原則です。

表1−2　行政組織

行政	政府	内閣	内閣総理大臣とその他の国務大臣で構成
		省庁	国務大臣が所管する役所
	地方公共団体	都道府県	都庁や県庁など
		市町村	市役所や町役場など

4　防災行政の全体像

　防災行政は、表1−3のとおり災害対策基本法を中心とした防災関係諸法で構成されています。基本法とは、特定の行政分野における基本政

策、または基本方針を示すために制定された法律で、基本法に示された方針に基づいて、個別分野における政策実現のために制定されたものが個別法です。表1－3では、災害対策基本法が防災分野の基本法で、大規模地震対策特別措置法等の予防対策法令や災害救助法等の応急対策、激甚災害法等の復旧・復興対策は個別法になります。災害対策基本法は大規模地震対策特別措置法等の防災分野の個別法に対して優越する性格があります。

この表1－3を理解することで、わが国の防災対策がわかります。

例えば、毎年全国各地で発生し大きな被害を出している土石流ですが、その予防対策としては、砂防法による砂防堰堤の整備や土砂災害防止法で土砂災害警戒区域等の指定及び住民への周知を定めています。

災害が発生すると応急対策として災害対策基本法で市町村長に災害対策本部設置と避難情報の発令や避難所を開設します。被害が発生したら消防法、警察法等による救出救助活動が行われ、被害が大きくなると激甚災害法による復旧復興を行うこととされています。このように、災害対策基本法を中心として防災関係個別法が有機的に連携して防災対策が構築されています。

表1-3　主な災害対策関係法律の類型別整理表

類型	予防	応急	復旧・復興
地震津波	災害対策基本法 大規模地震対策特別措置法 津波対策の推進に関する法律 ・地震財特法 ・地震防災対策特別措置法 ・建築物の耐震改修の促進に関する法律 ・密集市街地における防災街区の整備の促進に関する法律 ・東南海・南海地震に係る地震防災対策の推進に関する特別措置法 ・日本海溝・千島海溝周辺海溝型地震に係る地震防災対策の推進に関する特別措置法	・災害救助法 ・消防法 ・警察法 ・自衛隊法	激甚災害法 ＜被災者への救済援助措置＞ ・中小企業信用保険法 ・天災融資法 ・小規模企業者等設備導入資金助成法 ・災害弔慰金の支給等に関する法律 ・雇用保険法 ・被災者生活再建支援法 ・株式会社日本政策金融公庫法 ＜災害廃棄物の処理＞ ・廃棄物の処理及び清掃に関する法律 ＜災害復旧事業＞ ・農林水産業施設災害復旧事業費国庫補助の暫定措置に関する法律 ・公共土木施設災害復旧事業費国庫負担法 ・公立学校施設災害復旧費国庫負担法 ・被災市街地復興特別措置法 ・被災区分所有建物の再建等に関する特別措置法 ＜保険共済制度＞ ・森林国営保険法 ・農業災害補償法 ・地震保険に関する法律 ＜災害税制関係＞ 災害被害者に対する租税の減免、徴収猶予等に関する法律 ＜その他＞ 防災のための集団移転促進事業に係る国の財政上の特別措置等に関する法律
火山	活動火山対策特別措置法	水防法	
風水害	河川法 特定都市河川浸水被害対策法		
地滑り崖崩れ土石流	・砂防法 ・森林法 ・特殊土壌地帯災害防除及び振興臨時措置法 ・急傾斜地の崩壊による災害の防止に関する法律 ・土砂災害警戒区域等における土砂災害防止対策の推進に関する法律		
豪雪	豪雪地帯対策特別措置法		
原子力	原子力災害対策特別措置法		

【出典】内閣府・災害対策法制のあり方に関する研究会資料

参考文献

・塩野宏・原田尚彦「演習行政法」株式会社 有斐閣 昭和57年10月5日
・生田長人「防災法」信山社2013年11月1日
・内閣府HP防災情報のページ 災害救助法の概要 令和2年度

第 2 章

災害対策基本法の概要

1 伊勢湾台風と災害対策基本法

　防災分野の基本法である災害対策基本法が制定されたきっかけになった災害は1959年に発生した伊勢湾台風です。

　1959年9月26日夕刻に紀伊半島先端に上陸した伊勢湾台風によって、観測史上最大の3.55mの高潮が発生して、名古屋市を中心とする日本最大の海抜ゼロメートル地帯を来襲し甚大な被害が発生するなど、全国32都道府県で5098名の犠牲者がでました。

　伊勢湾台風がこれだけの大災害になったのは、台風の規模が大きかったことに加えて、災害に対するソフト対策が未整備であったことが、被害を拡大させました。中央防災会議の「1959 伊勢湾台風報告書」（平成20年3月）では、次の3点を指摘しています。

写真 2-1　名古屋港（東部）を上空南方向から望む
【出典】伊勢湾台風に関する災害画像情報集のサイト
　中部地区自然災害科学資料センター

中央防災会議の「災害教訓の継承に関する専門調査会」が報告した「1959 伊勢湾台風報告書」（平成 20 年 3 月）参照

　1 点目は情報の伝達不足です。気象庁及び名古屋市等は台風に備えて観測・連絡体制を強化していたが、愛知・三重両県の広い範囲で停電となっていたため、テレビ・ラジオが使用できず、住民が情報を得られない状態であった。

　2 点目は住民への危険地帯の周知不足です。名古屋市南部一帯の地域は、海抜ゼロメートル地帯であり、防潮堤が破堤した場合に高潮で浸水する地域を「水害地形分類図」作成し把握していたが、周知が不十分であった。

　3 点目は不十分な防災体制です。　名古屋市の立ち退き避難計画には、危険箇所の立ち退き区域や立ち退き先等の指定があるのみで、指示時期や指示方法等の具体的計画を欠いていた。また、愛知県や水防管理団体の水防計画には、人命救助対策が明記されておらず、警察官及び消防機関との連絡及び調整も不十分であった。そのため、高潮・波浪の警報は発令されたが、住民への避難の呼びかけや指示は行われなかった。

　このように、防災体制の不備が指摘され、伊勢湾台風は人災の側面が大きいと批判されました。

2　災害対策基本法の制定経緯

災害対策基本法の制定以前の状況について、「逐条解説災害対策基本法第二次改訂版〉」では次のとおり記載されています。

「災害に関する法律は、極めてその数が多く、150ないし200にも及ぶといわれており、これらの法律はおおむねその都度必要に応じて制定されたものが多く、内容もそれぞれの法律の領域については整備されているが、他の法律との関係等については十分に考慮されているとはいえないものが多かった。そのため、災害が起きた場合にその対策がばらばらで、防災行政は十分な効果を上げることができなかったというのが災害対策基本法成立以前の状況であった。」

　このような状況に対して、災害対策の基本に関する総合的な立法の必要性は、1952（昭和27）年十勝沖地震が発生したころから提唱されはじめ、伊勢湾台風での被害拡大の要因として、情報の伝達不足、危険地帯の周知不徹底、不十分な防災体制が挙げられたため、災害対策全般を体系化し、総合的かつ計画的な防災行政の整備及び推進を図ることを目的に1959（昭和34）年に災害分野の基本法として災害対策基本法が制定されました。

3　災害対策基本法の構成

表2－1災害対策基本法の構成

防災対策の総論	
・第1章 総則　基本理念	
・第2章 防災に関する組織	防災対策の内容に関する重要な柱
・第3章 防災計画	
防災体制の各論	
・第4章 災害予防	
・第5章 災害応急対策	防災対策の各論
・第6章 災害復旧	
その他	
・第7章 被災者の援護を図るための措置	被災者とり災状況の把握
・第8章 財政金融措置	災害対策の費用に関する規定
・第9章 災害緊急事態	第5章の特例
・第10章 雑則	
・第11章 罰則	

　災害対策基本法の章は、第1章から第10章まであります。第1章、2章、3章が災害対策の総論にあたるものです。

　第1章に目的、定義、政策の基本理念の総則の規定、及び国、都道府県、市町村、指定公共機関、住民等のそれぞれの防災責任に関する規定が定められ、第2章に国、都道府県、市町村等の防災に関する平常時と非常時の組織、第3章に国、都道府県、市町村、指定公共機関等の防災計画の規定が置かれています。このように第1章から第3章までに防災対策に関する極めて重要な仕組みが定められています。

　次に、第4章が災害予防、第5章が災害応急対策、第6章が災害復旧

と第4章から第6章までに災害対策の各論にあたる重要な内容が規定されていますが、災害復興についての規定はありません。

　他に、第7章で被災者と罹災状況の把握に関する規定、第8章で財政金融措置の費用に関する規定、第9章で第5章の特例というべき規定が置かれています。（表2-1参照）

4　災害対策基本法の基本理念

　災害対策基本法制定時には、通常の基本法に規定されることが多い政策の基本理念の規定がなかったため、防災分野の政策の基本方針や考え方が明らかにされないまま、それぞれの防災関係機関が対処療法的に対応していましたが、2013（平成25）年の災害対策基本法の改正で、基本理念として次の6つが置かれました。

　第1号理念の「災害の発生を常に想定する」は、社会経済活動全てにおいて防災のビルト・インを目指すということで、「災害が発生した場合における被害の最小化」は減災のことを意味しています。

　第2号理念は、「公助」「自助」「共助」について、公助は役割分担と相互連携について、自助、共助はその促進について書かれています。公助の限界と自助、共助の役割分担については書かれていませんが、平成25年の災害対策基本法の改正で同法第42条の2に「地区居住者等は、共同して、市町村防災会議に対し、市町村地域防災計画に地区防災計画を定めることを提案することができる。」と規定したことは、公助の災害対策の中に自助、共助を位置付けることだと思われます。

　第3号理念は「災害に備えるための措置を適切に組み合わせて一体

的に講ずること」は多重防御の考え方を示したもので、例えば適切な
ハード対策とソフト対策の組合せ等があります。また、「科学的知見
及び過去の災害から得られた教訓を踏まえて絶えず改善を図ること。」
では、土壌雨量指数等の科学的根拠による市町村長の避難指示などが
あります。

　第４号理念は、人材、物資その他の必要な資源を適切に配分して人
命最優先の仕組みづくりの重要性を明らかにしたものです。

　第５号理念は、自然災害での被害については誰の責任でもないため、
国の補償等の対象とならないが、社会的必要性から行う支援までは否
定しないという被災者支援に関する基本的な考え方を示したもので
す。

　第６号理念は、「災害が発生したときは、速やかに、施設の復旧及
び被災者の援護を図り、災害からの復興を図ること」と災害復興が理
念に記載されましたが、災害対策基本法上の災害復興の規定の整備は
行われていません。

基本理念　災害対策基本法第２条の２

第1号　わが国の自然的特性に鑑み、人口、産業その他の社会経済情
　　勢の変化を踏まえ、災害の発生を常に想定するとともに、災害が発
　　生した場合における被害の最小化及びその迅速な回復を図ること。
第2号　国、地方公共団体及びその他の公共機関の適切な役割分担及
　　び相互の連携協力を確保するとともに、これと併せて、住民一人一
　　人が自ら行う防災活動及び自主防災組織、その他の地域における多
　　様な主体が自発的に行う防災活動を促進すること。
第3号 災害に備えるための措置を適切に組み合わせて一体的に講ずる

こと並びに科学的知見及び過去の災害から得られた教訓を踏まえて絶えず改善を図ること。

第4号　災害の発生直後その他必要な情報を収集することが困難なときであっても、できる限り的確に災害の状況を把握し、これに基づき人材、物資その他の必要な資源を適切に配分することにより、人の生命及び身体を最も優先して保護すること。

第5号　被災者による主体的な取組を阻害することのないよう配慮しつつ、被災者の年齢、性別、障害の有無その他の被災者の事情を踏まえ、その時期に応じて適切に被災者を援護すること。

第6号　災害が発生したときは、速やかに、施設の復旧及び被災者の援護を図り、災害からの復興を図ること。

参考文献

・中央防災会議「1959 伊勢湾台風報告書」(平成20年3月)
・生田長人「防災法」信山社2013年11月1日

第 3 章

防災責任

1 国等の防災責任の基本的な考え方

国等行政の防災責任を考えるには、2つの要素があります。1つ目は、国民の自ら決定する権利との関係、2つ目は災害発生リスクと防災にかかる費用の関係です。

① 国民の自ら決定する権利

わが国の防災責任と国民の自ら決定する権利との関係については、次のように考えられています。

「国等の防災責任がどこまで認められるかについての考え方の基本にあるのは、国と国民の間にある「国民の自由権をどこまで保障すべきか」という点と同様の共通認識であると考えられる。具体的には、防災のために、国民が行動の自由や財産権の自由をどの程度まで制限されてもやむを得ないと認識しているかという点である。」

【出典】国土交通政策研究 第114号13頁 生田 長人2014年3月国土交通省

国等の防災責任は、国民の行動の自由や財産権の自由を出来るだけ尊重するという考え方から、例えば、新築の家を建てる場合に建築物等の耐震耐災化等については、国民が自ら判断することができますが、その家が地震で全壊した場合には、全壊した住宅の再建は、被災した住民の責任で行わなければならないということです。つまり、自然災害に関する復旧等は、被災した側の責任で行うということです。ただし、国等は地震等で住宅が倒壊し住むところがなくなった被災者に対しては避難所を提供する。個人の力ではどうにもならない場合は支援するという考え方です。

② 災害発生リスクと防災にかかる費用の関係

津波や高潮を防ぐ防潮堤等の防災施設や土地利用の規制を考える場合は、津波や高潮が数十年に1度発生する頻度の高いものであるのか、1000年に1度しか発生しない発生頻度の低いものであるかによって、防潮堤等の防災施設の規模等は、大きく異なってくることになります。

東日本大震災は、1000年に1度の確率で起こる超大災害ですが、国民が東日本大震災に対応できる防潮堤等の防災施設の整備を望むのであれば、より大きな税負担が生じることになります。

また、災害が発生した場合の消防等の救急救助活動も1000年に1度の確率で起こる超大災害での救急救助活動に対応できる消防組織を整備維持することになれば、膨大な人件費等が発生することになります。このように国等行政の防災責任は、国民の負担をどの程度にするのかという問題と関わってきます。

現在の国等の津波、高潮、洪水に対する防災責任の考え方は、東日本大震災のように1000年に1度の確率の超大災害（レベル2）は人命最優先で、避難優先の対策とし、数十年～200年に1度の災害（レベル1）は、防潮堤等の防災施設の整備と住民避難による多重防御の対策がとられています。

・ミレニアム津波の発生

2011年3月11日に起きた東日本大震災によって、約1万9000人の死者行方不明者を生じたが、その大部分は津波による犠牲者であった。今回の震災は、平安時代初めの869（貞観11）年の陸奥国（むつ）の地震津波以来の1142年ぶりの巨大地震であった。東日本大震災と貞観地震の津波の規模がほぼ同じであったことは、津波が多賀城

下に達したこと、地質学的に検証された津波の浸水範囲が、両津波でほぼ一致すること、地震津波被害が関東地方にまで及んだことなどの共通点があることから、そう判断されるのである。今回の東日本大震災の発生以後、このような、1000年に1度程度の頻度で起きる超巨大な地震・津波は「ミレニアム津波」と呼ばれるようになった。

・津波対策の2つの基準

　これまで、三陸地方を始め、東海地方、紀伊半島、四国などで、将来の津波対策として防潮堤の建設、ハザードマップの作成などが行われてきたが、その際、津波の想定高さは、およそ近代の200年間に起きた最大の津波の高さのデータが用いられてきた。しかし、東日本大震災の津波はこの想定高さをはるかに越えるものであったため、多くの津波による犠牲者を生じることとなったのである。今回の津波では、三陸海岸では浸水高が20mを越えた場所が数多くあった。このようなミレニアム津波に対して高い防潮堤を作って防ぐことは事実上不可能である。今後の津波対策には、（1）200年1度の津波に対する対策と、（2）1000年1度のミレニアム津波に対する対策を分けて考えるべきである。ということになる。

【出典】千年震災の津波対策　内閣府防災情報ページ　都司嘉宣（建築研究所　特別
　　　客員研究員）
https://www.bousai.go.jp/kohou/kouhoubousai/h24/67/past.html
　内閣府HPから抜粋

表 3-1　津波対策において想定する津波レベル

最大クラスの津波 （レベル2（L.2）津波）	・発生頻度は極めて低いものの、発生すれば甚大な被害をもたらす最大クラスの津波。 ・住民避難を柱とした総合的防災対策を構築する上で想定する。
比較的発生頻度の高い津波 （レベル1（L1）津波）	・最大クラスの津波に比べて発生頻度は高く、津波高は低いものの大きな被害をもたらす津波。 ・構造物によって津波の内陸への侵入を防ぐ海岸保全施設等の建設を行う上で想定する。

【出典】東北地方太平洋沖地震を教訓とした地震・津波対策に関する専門調査会資料
　　　　H23.9

2　国の責任と義務

　災害対策基本法第3条第1項で「国は、前条の基本理念にのっとり、国土並びに生命、身体及び財産を災害から保護する使命を有することに鑑み、組織及び機能の全てを挙げて防災に関して万全の措置を講ずる責務を有する。」と国の責務を規定し、第3条第2項でその責務を果たすため「防災基本計画を作成し、法令に基づきこれを実施し、地方公共団体、指定（地方）公共機関等が処理する防災に関する事務又は業務の実施の推進とその総合調整を行い、災害に係る経費の負担の適正化を図る」義務があると規定しています。

　国の防災責任は、次の4項目とされています。

・防災基本計画を作成すること

・法令に基づき防災計画を実施すること

・地方公共団体、指定（地方）公共機関等が処理する防災に関する事務
　又は業務の実施の推進とその総合調整を行うこと

・災害に係る経費の負担の適正化を図ること

3 都道府県・市町村の責務と義務

　都道府県・市町村の責務と義務は災害対策基本法の第4条及び第5条に規定されており、都道府県と市町村のそれぞれの管轄する地域とその住民の生命、身体及び財産を災害から保護するために、都道府県地域防災計画または市町村地域防災計画を作成し、法令に基づきこれを実施するという責務が課せられています。さらに第5条第2項で、「市町村長は、前項の責務を遂行するため、消防機関、水防団その他の組織の整備並びに当該市町村の区域内の公共的団体その他の防災に関する組織及び自主防災組織の充実を図るほか、住民の自発的な防災活動の促進を図り、市町村の有する全ての機能を十分に発揮するように努めなければならない。」とされ、市町村が一次的に災害から住民の生命、身体及び財産を保護するものとされています。都道府県は広域行政の立場から市町村が処理できない、または処理するのが適当でない防災に関する事務を処理するものと位置付けられています。

　災害対応の市町村第一主義は、市町村が住民から一番近い行政であり、地域の状況に精通していることから採用されたもので、特に、豪雨災害等の中規模・一過性の災害には、市町村に第一次的対応責任として、指揮命令系統も一元化され、また、避難措置や応急措置等の権限も付与されており、素早く災害に対応し被害を軽減する体制が整っていると思います。

　しかし、東日本大震災では、第一次対応者である被災地市町村の組織が壊滅的な被害を受けて機能せず、そのため被害が拡大した事例が見受けられました。市町村及び都道府県が壊滅的被害を受け、その機能が著しく低下した場合に、国が災害応急対策を代行する仕組みが災害対策基

本法第78条の2に規定されました。

指定行政機関の長等による応急措置の代行

> **災害対策基本法第78条の2**
>
> 指定行政機関の長又は指定地方行政機関の長は、災害の発生により市町村及び当該市町村を包括する都道府県がその全部又は大部分の事務を行うことができなくなったときは、法令又は防災計画の定めるところにより、当該市町村の市町村長が第64条第1項及び第2項並びに第65条第1項の規定により実施すべき応急措置の全部又は一部を当該市町村長に代わって実施しなければならない。

4 指定公共機関・指定地方公共機関の責務と義務（災害対策基本法第6条）

次に指定公共機関・指定地方公共機関の責務についての説明ですが、指定公共機関とは、NHK（災害情報の放送業務）、日本赤十字社（救護業務等）、日本銀行、電気、ガス、輸送、通信その他の公益的事業を営む法人で内閣総理大臣が指定する者をいいます。また、指定地方公共機関とは、都道府県の地域にある電気、ガス、輸送、通信等の公益的事業を営む法人で都道府県知事が指定する者をいいます。

災害対策基本法は、これらの者に対して、「防災に関する計画を作成する義務」を課しています。その理由は、防災責務を果たすためには、防災計画が不可欠であることと、これらの者が相互に整合性のとれた防災活動を行う必要があることから事前に計画上の調整が必要であることが挙げられます。具体的には、例えばNHKであれば災害情報等の放送

写真3－1　仙台市　　　　　　　　写真3－2　仙台市

業務に関する防災業務計画を作成して災害時には防災業務計画により災
害情報を放送する。市町村等は、その情報を活用することが考えられま
す。

　これらの指定公共機関は、必要に応じて追加されます。

　この写真3－1は、東日本大震災が発災した翌日の 2011 年3月12日
に仙台市内で撮影したものです。

　車がたくさん並んでいますが、この先にはガソリンスタンドがあり、
ガソリンを求めて長蛇の列になっていました。それだけ燃料がひっ迫し
ていました。

　写真3－2は、コンビニが店を開けたのですが、あっという間に長蛇
の人の列になり、すぐに食料もなくなりました。

　ガソリンスタンドやコンビニでは、少しでも被災者の助けになればと
努力されていたのが印象的でした。このように、東日本大震災では、物
資の輸送業者やガソリンの燃料供給業者、コンビニが災害時に果たす役
割の重要性から、物資の輸送業者が 2013 年に、ガソリンの燃料供給業
者が 2015 年に指定公共機関に追加指定されました。

　2017 年には全国に店舗がある大手コンビニチェーンなど7社が指定公

共機関に追加されました。

5　国、都道府県、指定（地方）公共機関以外の者の責務と義務

　災害対策基本法第 7 条では、国、都道府県、指定（地方）公共機関以外の公共的団体、防災上重要な施設の管理者その他法令の規定による防災に関する責務を有する者、及び住民についても防災の責務の規定を定めています。

5.1　公共的団体

　公共的団体とは、農業協同組合、商工会議所、社会福祉協議会、青年団、婦人会等で公共的活動を行う団体等です。この公共的団体は法人格の有無を問わないとされています。このうち、社会福祉協議会については、都道府県の地域防災計画、市町村の地域防災計画に災害ボランティアに関する規定が定められており、災害時には社会福祉協議会は災害ボランティアセンターを立ち上げる役割を担っています。多くの市区町村と社会福祉協議会とで災害時の協定が締結されているなど、社会福祉協議会は大変重要な役割を担っています。東日本大震災では、全国で約 200 カ所の災害ボランティアセンターを開設して、約 150 万人のボランティア活動の支援が行われました。

　しかし、ほとんどの公共的団体については、防災計画の作成義務はなく、具体的にどのような防災対策を行えばよいのかについては明確になっていないので、公共的団体が防災上の重要な役割を果たすことが難しい状態にあるといえます。平常時から行政と公共的団体が災害時の連携について協議して地域防災計画の中において公共的団体の役割を明確にすることが必要です。そうすることで、社会福祉協議会のように、公

共的団体が災害時に非常に大きな機能を発揮できる重要な存在になる可能性が高いと思います。

5.2　事業所等

　防災上重要な施設の管理者その他法令の規定による防災に関する責務を有する者として、どういう施設があるかというと危険物施設等があります。これはガソリンスタンドや石油コンビナート等の施設が該当します。もし火災や地震、津波等で被害が出た場合には社会へ大きな損害を与える可能性がある事業所等です。例えば、ガソリンスタンドから出火して、地下タンクのガソリンに引火、爆発すれば周辺何キロかについては大きな被害が発生します。ガソリンスタンドの危険物施設の管理者及び危険物取扱者は「防災に関する責務を有する者」と解されています。

　また、百貨店等集客施設、ホテル・旅館、学校、事業所等の火災や地震・津波が発生した場合に大きな人的被害が予想される事業所があります。このような事業所等ついては、施設の管理者に加えて、消防法で選任が義務付けられている防火管理者、防災管理者も「防災に関する責務を有する者」と解されています。危険物施設及び防火管理者等が必要な事業所は消防法により火災等が生じたときに被害の拡大を防ぐことが義務付けられています。

　これらの事業所は、事業所外の災害に対する責務はありませんが、阪神・淡路大震災では、事業所の自衛消防隊の消火活動により延焼阻止に成功し市街地の大火を防いでいます。事業所の地域貢献として、大規模災害時には事業所の自衛消防隊が果たす役割は大きいものがあると思います。

> **事業所の消火活動**
>
> 　長田区東尻池町7丁目の火災では、三ツ星ベルト（株）神戸工場の自衛消防隊が消火活動を行っている。地震発生後、夜勤で工場にいた60名が工場内の可搬式ポンプで200トン貯水槽に部署して消火活動を行い、住宅密集地への延焼を阻止している。近隣のミヨシ油脂（株）神戸康応、台糖（株）神戸事業所の自衛消防隊も、可搬式ポンプを持ち出し、付近の消火活動にあたっている。また、兵庫区の医療法人尚生会湊川病院では、屋内消火栓のホースを延長し、近くの民家火災の消火活動にあたっている。

【出展】［神戸市『阪神・淡路大震災神戸復興誌』神戸市（2000/1），p.38］

5.3　住民

　次に住民ですが、災害対策基本法第7条第3項で住民に課せられている責務は、「食品、飲料水、その他の生活必需物資の備蓄、その他の災害に備える手段を講ずる」及び「防災訓練その他の自発的な防災活動への参加、過去の災害から得られた教訓の伝承その他の取組みにより防災に寄与するように努める」の2つです。

　災害から身を守ることは、国民一人一人が自らの責任で行わなければならないことです。これは、皆さんが自由な行動を保障されていることの裏返しで、その結果については自ら責任を負わなければならないということです。

　「災害から自らの身を守ることは自らの責任で行う」これが日本の防災に関する基本的な考え方です。しかし、自然災害に個人の力で対処することには限界があるので、国等がこれを補完するため様々な防災対策を講じる責務を担っています。例えば、土砂災害等の災害が発生しそう

な場合は住民が自らの意思で安全な場所に避難するのですが、住民が安全に避難できるように、市町村長は避難所の整備を行い、災害が起こりそうな地域の住民に対して避難情報を伝達しなければなりません。国や地方公共団体等は、国民の防災対策を補完する責務があるということです。

　ところで皆さんは食料とか飲料水を災害に備えて備蓄していますか？東日本大震災の前は３日間の食糧、飲料水の備蓄が推奨されていましたが、東日本大震災の教訓から３日間分では足りなくて、今では７日間の食糧、飲料水の備蓄が国から推奨されています。

　新型コロナが流行した初期の段階でマスクが薬局から消えました。南海トラフ地震が発生したら、スーパーやコンビニから食料、飲料水が売り切れて消える可能性があると思います。今、備蓄していない人は是非備蓄をしてください。

参考文献

・生田長人「防災法」信山社2013年11月1日
・内閣府HP 防災情報のページ 防災業務計画
・全国社会福祉協議会HP 災害時の支援
　https://www.shakyo.or.jp/bunya/saigai/bora.html

第 4 章

防災組織

1 防災組織の概要

　防災は、様々な災害が発生する場合に備えて、その被害の発生を防止し、または軽減するために行われるものなので、防災対策は被害が発生する可能性のある生活活動、経済活動、社会活動等の非常に広範囲に行う必要があります。つまり、防災はすべての社会の構成員が自己責任の範囲で取組む努力をすべきもので、自力で対処できる範囲のことは自己の責任で行うことが原則です。例えば火災を発見したものは、消防機関への通報や初期消火などの出来ることをしなければなりません。

　その中でも、防災を職務とする国、地方公共団体等や危険物や多数の人を収容する施設等のように一般のレベルよりも高いレベルの防災対策を求められる事業所等があります。これらについては、災害対策基本法で災害予防の責任を課せられた「災害予防責任者」（災害対策基本法第47条））及び災害応急対策の責任を課せられた「災害応急対策責任者」（災害対策基本法第51条）として位置づけられています。

　次の組織が予防責任者及び災害応急対策責任者に指定されています。

①指定行政機関の長

　国の行政機関のうち、防災行政上重要な役割を有するものとして内閣総理大臣が指定している機関（国の各省庁）のこと。

②指定地方行政機関の長

　指定行政機関の地方支分部局その他の国の地方行政機関のうち、防災行政上重要な役割を有するものとして内閣総理大臣が指定している機関

③指定公共機関

　防災科学技術研究所、日本銀行、日本赤十字社、電力会社、民間鉄

道会社等の公益事業会社と関係地方機関

④指定地方公共機関

　地方においてこれらと同等機能を果たしている機関

⑤地方公共団体の長その他の執行機関

　都道府県、市区町村

⑥公共的団体

　漁業協同組合、商工会議所等の産業経済団体、社会福祉協議会、青
　年団、婦人会等

⑦防災上重要な施設の管理者

　危険物施設や防火管理、防災管理が必要な事業所等

　①から⑤までは、災害対策基本法でそれぞれが防災基本計画、防災
業務計画、地域防災計画の作成と計画に基づく防災対策の実施が義務付
けられています。

　⑥及び⑦の公共的団体及び防災上重要な施設の管理者は、災害対策基
本上の防災計画の作成は義務付けられていませんが、⑥の公共的団体に
対しては、都道府県知事や市町村長の地方公共団体の長が、区域内の公
共的団体の活動調整を行うために指揮監督ができるとされています。公
共的団体が積極的に計画を作るわけではありませんが、地方公共団体の
長から要請があれば行う受け身の形で防災を行うグループに分けられて
います。

　また、⑦の防災上重要な施設の管理者ついては、災害が発生した場合
に被害を拡大させる可能性が高い施設として消防法で消防計画が義務付
けられています。

　①から⑦の組織は、法令により防災責任を課せられている組織です。

次に法令により防災責任が課せられていない組織なのですが、大規模災害時に大きな力を発揮する地域住民で防災活動を行う自主防災組織や、地震や水害等の被災地の復旧復興の支援をする防災ボランティア等の社会貢献組織があります。第10章で地域防災、第12章で災害ボランティア等社会貢献組織について詳述します。

2 防災組織間の調整

上記の防災組織では、それぞれの防災責任を果たすために防災活動が行われるのですが、単独でバラバラに行うよりは、連携して行うほうが大きな効果を発揮できます。

平常時に、防災業務を担当する多くの機関ついての役割分担を明確にして、それぞれの防災対策を定める計画を作成しておくことは、効率的な防災対策を行う上で不可欠です。また、災害が発生した非常時のそれぞれの防災機関の防災活動を調整することも極めて重要です。

このことから、災害対策基本法では、平常時と非常時に分けて、国レベル、都道府県レベル、市町村レベルの3つの段階で、防災対策を総合的かつ一体的に行えるように防災に関する調整を行う組織として、平常時の「防災会議」と非常時の「災害対策本部」の制度が設けられています。

3 防災会議

平常時の調整組織としては、国レベルの調整組織である中央防災会議と地方レベルの調整組織である都道府県防災会議及び市町村防災会議があります。

・中央防災会議

　中央防災会議は、内閣府に置かれた国レベルの防災に関する審議調整機関で、内閣総理大臣を会長として、委員として防災担当大臣と国務大臣、指定公共機関の代表者及び学識経験者で組織されています。中央防災会議の下には、幹事会と専門調査会が設けられていています。

　中央防災会議の役割は、防災基本計画を作成し、その実施の推進を行うことと防災に関する重要事項を審議することとされています。2022（令和４）年９月30日に開催された第42回中央防災会議では、日本海溝・千島海溝地震特措法の改正を踏まえ、津波避難対策の強化を図る地域等の指定について答申の決定がなされたほか、最新の科学的知見に基づく最大クラスの地震・津波を想定した防災基本計画の変更の決定等がなされました。

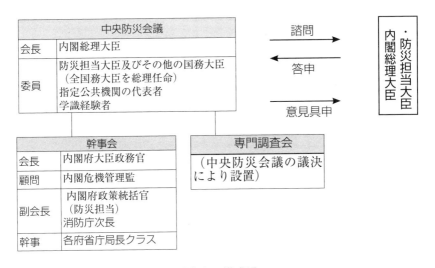

図4-1　中央防災会議と専門調査会の構成図
【出典】　内閣府HP　内閣府大臣官房政策評価広報課
https://www.bousai.go.jp/taisaku/soshiki1/soshiki1.html

この中央防災会議の定める防災基本計画に示される方針のもと日本の防災対策は進められています。

・都道府県防災会議

　都道府県防災会議は、当該都道府県の区域に係る防災に関する審議調整機関で、知事を会長として、指定地方行政機関の長または職員、指定（地方）公共機関の役職員、都道府県警察本部長、都道府県教育長、陸上自衛隊、市町村長、消防機関の代表者、公共団体、自主防災組織、学識経験者及び都道府県庁の幹部職員等を委員として組織されています。この都道府県防災会議に防災に関わる様々な者が委員として参画しているのは、都道府県防災会議の役割が、当該都道府県の区域に係る地域防災計画を作成し、その実施の推進を行うことにあり、そのために関係機関間の連絡調整を行う必要があるからです。

　図4-2は、東京都防災会議の組織図です。

　東京都防災会議は、災害対策基本法第14条及び東京都防災会議条例に基づき設置される知事の附属機関です。

　知事を会長とし、防災会議の委員は、指定地方行政機関、指定公共機関、指定地方公共機関、都及び区市町村等の職員もしくは代表等の88名で構成されており、東京都地域防災計画の作成（修正）及びその実施の推進等を所掌しています。また、防災会議幹事会が東京都防災会議の所掌事務について、委員等を補佐する役割を担っています。

・市町村防災会議

　市町村防災会議の役割は、当該市町村の地域に係る地域防災計画を作成し、及びその実施を推進するほか、市町村長の諮問に応じて当該市町

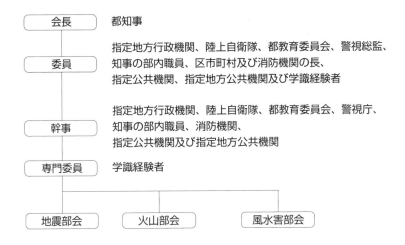

図4－2　東京都防災会議（組織図）

【出典】東京都防災会議　組織図　東京都防災ホームページ
https://www.bousai.metro.tokyo.lg.jp/taisaku/torikumi/1000067/1006099/index.html

村の地域に係る防災に関する重要事項を審議することにあります。

　前述した都道府県防災会議委員構成については災害対策基本法で定められていますが、市町村防災会議についての組織に関する規定は災害対策基本法にはありません。しかし、市町村防災会議の所掌事務は、都道府県防災会議と同様に防災調整機関としての役割があるので、市町村長を会長として、当該市町村を管轄する指定地方行政機関、指定（地方）公共機関、警察、消防、陸上自衛隊、教育長、公共団体、自主防災組織、学識経験者、市町村の幹部職員等を委員として組織されています。

表4－1　宝塚市防災会議

設置年月日	昭和38年6月21日
根拠法令等	災害対策基本法第16条第6号 宝塚市防災会議条例 宝塚市防災会議運営規則
公開・非公開の別	公開
所管事項	災害対策基本法第16条第6項の規程に基づき、宝塚市防災会議条例で定められたもので、市民の安全を支える計画である地域防災計画の作成及びその実施の推進や、市域に災害が発生した場合において、災害情報の収集を行います。
委員の定数	39
委員の構成	市長を会長とし、副市長、教育長、水道事業管理者、消防長及び市役所各部長並びに警察、自衛隊、ライフライン企業、医師会等の防災関係機関の長などで構成

【出典】宝塚市HP
https://www.city.takarazuka.hyogo.jp/shisei/1009519/shingikai/1005506/index.html

　例えば、宝塚市防災会議の委員数は39名が定数です。地域防災計画を改正するにはこの39人の委員が所属する団体との調整が必要になり、大変な時間と労力が必要です。このように市町村の防災組織等が連携してそれぞれの防災対策が行えるように防災会議で地域防災計画の策定を進められています。

4　災害対策本部制度

　防災会議が平常時の調整組織として地域に係る地域防災計画を作成し、及びその実施を推進する組織であるのに対して、災害発生時の災害応急対策を行う調整組織として「災害対策本部制度」が災害対策基本法に定められています。災害対策本部には、都道府県に設けられる都道府

県災害対策本部、市町村に設けられる市町村災害対策本部と非常災害が発生した場合に国に設けられる特定災害対策本部、非常災害対策本部、緊急災害対策本部があります。

都道府県、市町村の災害対策本部

都道府県及び市町村の災害対策本部は、都道府県または市町村の区域に、災害が発生する恐れのある場合又は発生した場合に設置されるものです。

災害時には、各防災関係機関が総力を挙げて連携して防災活動を行う必要があります。そのためには、機動的な統制の取れた活動が不可欠で、災害情報の一元化や関係防災機関間の情報共有が必要です。災害対策本部は災害時に臨時に設置され次の役割を担う災害時に不可欠な極めて重要な組織です。

災害対策本部の役割

- 連絡調整・指揮機能を円滑かつ的確に行う
- 災害情報の一元化
- 各防災機関の情報の共有化
- 各機関の連携した防災活動

都道府県災害対策本部

> 災害対策基本法第23条　都道府県の地域について災害が発生し、又は災害が発生するおそれがある場合において、防災の推進を図るため必要があると認めるときは、都道府県知事は、都道府県地域防災計画の定めるところにより、都道府県災害対策本部を設置することができる。

第2項　都道府県災害対策本部の長は、都道府県災害対策本部長とし、都道府県知事をもって充てる。

第3項　都道府県災害対策本部に、都道府県災害対策副本部長、都道府県災害対策本部員、その他の職員を置き、当該都道府県の職員のうちから、当該都道府県の知事が任命する。

第4項　都道府県災害対策本部は、都道府県地域防災計画の定めるところにより、次に掲げる事務を行う。

第1号　当該都道府県の地域に係る災害に関する情報を収集すること。

第2号　当該都道府県の地域に係る災害予防及び災害応急対策を的確かつ迅速に実施するための方針を作成し、並びに当該方針に沿って災害予防及び災害応急対策を実施すること。

第3号　当該都道府県の地域に係る災害予防及び災害応急対策に関し、当該都道府県並びに関係指定地方行政機関、関係地方公共団体、関係指定公共機関及び関係指定地方公共機関相互間の連絡調整を図ること。

第5項　都道府県知事は、都道府県地域防災計画の定めるところにより、都道府県災害対策本部に、災害地にあって当該都道府県災害対策本部の事務の一部を行う組織として、都道府県現地災害対策本部を置くことができる。

第6項　都道府県災害対策本部長は、当該都道府県警察又は当該都道府県の教育委員会に対し、当該都道府県の地域に係る災害予防又は災害応急対策を実施するため必要な限度において、必要な指示をすることができる。

市町村災害対策本部

> 災害対策基本法第23条の2　市町村の地域について災害が発生し、又は災害が発生するおそれがある場合において、防災の推進を図るため必要があると認めるときは、市町村長は、市町村地域防災計画の定めるところにより、市町村災害対策本部を設置することができる。
>
> 第2項　市町村災害対策本部の長は、市町村災害対策本部長とし、市町村長をもって充てる。
>
> 第3項　市町村災害対策本部に、市町村災害対策副本部長、市町村災害対策本部員その他の職員を置き、当該市町村の職員又は当該市町村の区域を管轄する消防長若しくはその指名する消防吏員のうちから、当該市町村の市町村長が任命する。
>
> 第4項　市町村災害対策本部は、市町村地域防災計画の定めるところにより、次に掲げる事務を行う。この場合において、市町村災害対策本部は、必要に応じ、関係指定地方行政機関、関係地方公共団体、関係指定公共機関及び関係指定地方公共機関との連携の確保に努めなければならない。
>
> 第1号　当該市町村の地域に係る災害に関する情報を収集すること。
>
> 第2号　当該市町村の地域に係る災害予防及び災害応急対策を的確かつ迅速に実施するための方針を作成し、並びに当該方針に沿って災害予防及び災害応急対策を実施すること。

国の災害対策本部

　国は、大規模な災害が発生し、または発生の恐れのある場合で、地方自治体だけでは災害対応が困難な場合には、内閣総理大臣は災害規模に

応じて、総合的かつ有効な災害応急対策等を実施するために内閣府に特定災害対策本部、非常災害対策本部又は緊急災害対策本部のいずれかを設置することができます。

　また、国の災害対策本部は、本来災害が起こってから立ち上げられるものだったのですが、災害対策基本法等の一部を改正する法律の施行（令和3年5月20日）で、災害が発生するおそれのある段階でも、国の災害対策本部を設置することができるようになり、超大型の台風で都道府県をまたぐような広域避難が必要な場合には、台風が来襲する以前に災害対策本部を設置して、政府が広域避難の調整を行えるようになりました。

〔特定災害対策本部〕

　①　本部の構成

　特定災害対策本部は、臨時に内閣府に設けられ、防災担当の国務大臣を本部長とし、副本部長、本部員は、内閣官房や指定行政機関の職員、指定行政機関の長などから内閣総理大臣が任命します。

　②　主な業務

・災害応急対策を的確かつ迅速に実施するための方針の作成に関すること。

・国レベルの防災関係機関と被災地の自治体の防災関係機関の災害応急対策の総合調整の実施に関すること

・特定災害に際し必要な緊急の措置の実施に関すること。

③設置の目安

災害【法第23条の3】

　その規模が非常災害に該当するに至らない死者・行方不明者数十人規模の災害。

〔非常災害対策本部〕

① 本部の構成

非常災害対策本部は、臨時に内閣府に設けられ、内閣総理大臣を本部長とし、本部員は、国務大臣等のうちから、内閣総理大臣が任命します。

② 主な業務

・災害応急対策を的確かつ迅速に実施するための方針の作成に関すること。

・国レベルの防災関係機関と被災地の自治体の防災関係機関の災害応急対策の総合調整の実施に関すること。

・非常災害に際し必要な緊急の措置の実施に関すること。

③設置の目安

非常災害【法第24条】

おおむね、死者・行方不明者が百人以上に及ぶ場合（全壊戸数なども考慮）。

〔緊急災害対策本部〕

緊急災害対策本部は、東日本大震災のような著しく異常かつ大きな非常災害が発生した時に、災害応急対策を推進するために内閣に設置される国の臨時の組織です。

非常対策本部が設置されるよりも重大な災害に対応することが想定されており、本部長は内閣総理大臣、国務大臣が本部員という内閣の総力を挙げての体制です。2011年3月11日に設置された「平成23年（2011年）東北地方太平洋沖地震緊急災害対策本部」が初めてでした。

① 本部の構成

緊急災害対策本部は臨時に内閣府に設けられ、内閣総理大臣を本部長とし、本部員はすべての国務大臣、内閣危機管理監及び副大臣又は国務

大臣以外の指定行政機関の長等から内閣総理大臣が任命します。

②　主な業務

・災害応急対策を的確かつ迅速に実施するための方針の作成に関すること。

・国レベルの防災関係機関と被災地の自治体の防災関係機関の災害応急対策の総合調整の実施に関すること。

・非常災害に際し必要な緊急の措置の実施に関すること。

③　設置の目安

著しく異常かつ激甚な非常災害【法第28条の2】。

東日本大震災等の極めて大規模かつまれにみる災害が発生した場合。

参考文献

・生田長人「防災法」信山社2013年11月1日
・内閣府HP防災情報のページ

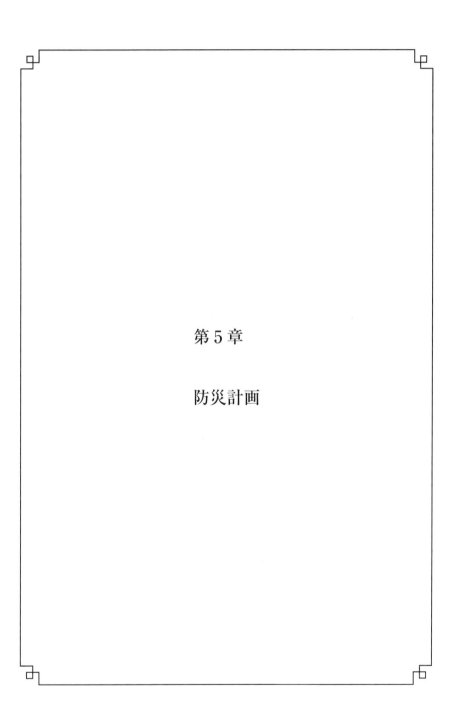

第 5 章

防災計画

1 防災計画の体系

　わが国の防災計画は、中央防災会議によって策定される防災基本計画を防災分野の最上位計画と位置付け、この計画に基づき、指定行政機関及び指定公共機関が防災業務計画を作成し、また、地域ごとに地方公共団体が地域防災計画を作成しています。このように、わが国の防災計画は、縦割り横割りの双方の視点から計画調整ができる仕組みとなっています。

　また、防災基本計画、防災業務計画及び地域防災計画は、災害対策基本法に基づき、毎年計画に検討を加えて、必要があると認められるときは修正をしなければならないことになっています。

2 防災基本計画

　防災基本計画の構成は、災害の種類（地震、津波、風水害等）に応じて、予防、応急、復旧・復興の各段階における対策を体系的かつ具体的に、各主体の役割を明らかにしています。

　防災基本計画に定めるべき事項として、災害対策基本法第35条第1項第1号では、国の防災の基本方針を示すものとして「防災に関する総合的かつ長期的な計画」を定めることを定め、同法35条同項第2号で他の防災計画の体系化、総合化を図るため「防災業務計画及び地域防災計画において重点を置くべき事項」を定めるものとしています。

　この規定を受けて、防災基本計画では、地震等の5つの自然災害対策と事故対策が8つに総則及び各災害に共通する対策を加えて計15編と、災害種別に応じて講じるべき対策が容易に参照できるような編構成とさ

れています。最新の知見に基づいて災害予防・事前準備、災害応急対策、
災害復旧・復興という災害対策が時間的順序に沿って記述され、国、地
方公共団体、住民等がそれぞれ行うべき対策をできるだけ具体的に記述
されています。その中から第4編津波対策編を紹介します。

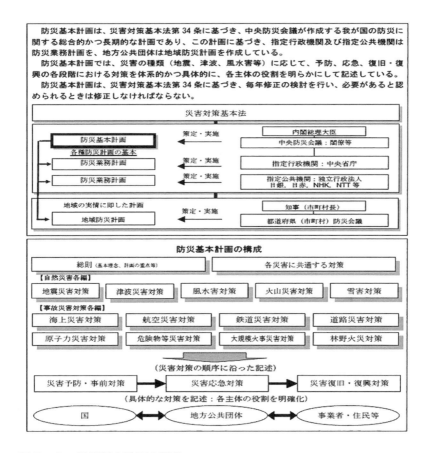

図5-1　防災基本計画の説明
【出典】内閣府HP
　内閣府ホーム ＞ 内閣の政策 ＞ 防災情報のページ ＞ 防災対策制度
　https://www.bousai.go.jp/taisaku/keikaku/index.html

3 津波災害対策編

　防災基本計画は、災害対策基本法第34条第1項で、災害及び災害の防止に関する科学的研究の成果並びに発生した災害の状況及びこれに対して行われた災害応急対策の効果を勘案して防災基本計画に毎年検討を加え、必要があると認めるときは修正しなければならないとされています。

　2011（平成23）年12月に、東日本大震災の教訓から防災基本計画の修正が行われ、津波災害対策編の追加が行われました。修正の手順は、次のとおりです。

　中央防災会議において「東北地方太平洋沖地震を教訓とした地震・津波対策に関する専門調査会」（平成23年4月27日）が設置され、地震・津波の発生、被害の状況等について分析、今後の対策について検討されました。その審議結果をまとめた「東北地方太平洋沖地震を教訓とした地震・津波対策に関する専門調査会」最終報告書（平成23年9月28日）を踏まえて、2011（平成23）年12月の中央防災会議で防災基本計画に「津波災害対策編」を新たに加える修正が行われました。

　では、想定外の大津波で人的被害は死者1万9765人、行方不明者2553人と未曾有の甚大な被害がもたらした東日本大震災を受けて新設された「津波災害対策編」とは、どのようなものかを見てみたいと思います。

　従来、津波対策は地震災害対策編の特記事項という位置付けとなっていましたが、新たに「津波災害対策編」が設けられることとなりました。

　新設された「津波災害対策編」は、東日本大震災での津波が想定外の巨大津波であったことから、従前から津波想定の対象としていた「比較的頻度の高い津波」に加えて「あらゆる可能性を考慮した最大クラスの

津波」を加え、最大クラスの津波と比較的頻度の高い津波の二つのレベルの津波を想定し、二つのレベルの津波について、それぞれの対策を打ち出しています。

防災基本計画「津波災害対策編」

> **第1章第1節第1　津波対策の基本的な考え方**
>
> 　発生すれば甚大な被害をもたらす最大クラスの津波に対しては、住民等の生命を守ることを最優先に住民の避難を軸とした対策としつつ、土地利用、避難施設、防災施設等を組み合わせた総合的な津波対策で対応するものとする。
>
> 　最大クラスの津波に比べて発生頻度は高く、津波高は低いものの大きな被害をもたらす津波に対しては、人命保護に加え、住民財産の保護、地域の経済活動の安定化、効率的な生産拠点の確保の観点から、海岸保全施設等の整備を進めるものとする。

　東日本大震災では、想定外の大津波で人的被害は死者1万9765人、行方不明者2553人と未曾有の甚大な被害がもたらされました。この津波災害対策編の基本的な考え方には、最大クラスの津波が発生した場合においても「なんとしても人命を守る」という強い決意が感じられます。この防災基本計画の修正に基づき、防災業務計画、地域防災計画の修正も行われています。

　防災基本計画では、地震等の5つの自然災害対策と事故対策が8つに、各災害に共通する対策編の計14編が掲載されています。各災害に共通する対策が、最新の知見に基づいて対策が示されています。一度、読んでみることをお勧めします。

4 防災業務計画

　防災業務計画ですが、国のそれぞれの事務を担当する指定行政機関（省庁）及び防災に関係のある指定公共機関がそれぞれの分野の防災上とるべき措置等を定めた計画です。指定行政機関及び指定公共機関はそれぞれ縦割りで業務を担当しているのですが、指定行政機関については、災害対策基本法第37条第2項で他の指定行政機関の防災業務計画と調整が図られる仕組みになっています。

　また、指定公共機関の防災業務計画には、他の機関との連携についての明確な規定はありませんが、他の防災業務計画との調整を図るのが望ましいと思われます。

4-1　指定行政機関（省庁）の防災業務計画

　防災業務計画を作成しなくてはならない指定行政機関は、災害対策基本法第2条第3号に基づき、国の行政機関のうち、防災行政上重要な役割を有するものとして内閣総理大臣が指定している機関とされており、内閣府、国家公安委員会、警察庁、総務省、消防庁等の25の機関が指定されています。

　この中から国土交通省の防災業務計画を見てみます。防災に関してとるべき措置及び地域防災計画の作成の基準となるべき事項が定められており、その構成は、総則、各災害に共通する対策編、地震災害対策編、津波災害対策編、風水害対策編、火山災害対策編、雪害対策編、海上災害対策編、航空災害対策編、鉄道災害対策編、道路災害対策編、原子力災害対策編、河川水質事故災害対策編、港湾危険物等災害対策編、大規模火事等災害対策編、地域防災計画の作成の基準の16編からなり、そ

れぞれの災害に対する災害予防、災害応急対策、災害復旧・復興の段階
における諸施策を具体的に定めています。

4-2　指定公共機関の防災業務計画

　指定公共機関とは、災害対策基本法第2条第5号に基づき、公共的機
関及び公益的事業を営む法人のうち、防災行政上重要な役割を有するも
のとして内閣総理大臣が指定している機関です。指定公共機関の指定は、
防災科学技術研究所等の研究機関から日本銀行、日本赤十字社、日本放
送協会、西日本旅客鉄道株式会社、日本電信電話株式会社、日本郵便株
式会社、大阪瓦斯株式会社、出光興産株式会社、株式会社NTTドコモ、
株式会社イトーヨーカ堂、イオン株式会社、株式会社ローソン、全日本
トラック協会、日本医師会等の104機関（令和5年4月1日時点）に上っ
ています。

　ファミリーマートの防災業務計画を掲載しました。分かりやすい計画
になっています。災害時の社員家族の安否確認、情報取集やお客様、取
引先、ストアスタッフの身体安全の確保、それと被災状況を収集する方
法、さらに災害時の緊急輸送です。これは先ほども言いましたが都道府
県とか市町村と物資の供給についての協定を結んでいます。また、物流
業者と協力して緊急輸送に努めることも計画に記載されています。

株式会社ファミリーマート
　防災業務計画
　第1章 総則
　第1条（防災業務計画の目的）

この防災業務計画（以下、「本計画」という。）は、次の各号の法律の規定に基づき、株式会社ファミリーマート（以下「当社」という。）が、防災に関して取るべき措置を定め、災害予防、災害応急対策、災害復旧及びその他必要な災害対策を円滑かつ適切に実施することを目的とする。

～略～

第2条（防災業務計画の基本方針）

当社は、災害が発生した場合、指定公共機関としての責務を果たし、防災に寄与することができるよう、国及び地方公共団体と連携協力し、防災業務の的確かつ迅速な実施に努めるものとする。

～略～

第4条（対策本部の運営）

1．対策本部の設置

対策本部長は、大規模災害などの緊急事態が発生、または発生するおそれがある場合、別に定める「事業継続計画（BCP）」に基づく「対策本部設置マニュアル」に従い、対策本部を設置するか否かを決定する。

～略～

第8条（災害応急対策に関する事項）

1．通報・連絡 通報・連絡の経路は資料2のとおりとする。

2．災害時における安否の報告・情報収集

（1）社員は、自らの身体、生命の安全の確保を最優先したうえ、自ら、及び家族などの 安否を報告する。

（2）お客様、お取引先、加盟者・ストアスタッフなどの身体、生命の安全の確保を最優 先とし、加盟者・ストアスタッフの安否、店

舗施設及び製造・配送機能などの被災状 - 4 - 況の情報を収集する。

　3．災害時における緊急輸送に関する事項　都道府県知事、市町村長または指定行政機関から、それぞれ必要な物資の供給につい て要請があった場合、可能な限り調達し、物流事業者と協力し、物資の緊急輸送に努める。

【出典】　内閣府HP 指定公共機関の防災業務計画 株式会社ファミリーマート
https://www.bousai.go.jp/taisaku/keikaku/pdf/bousai_familymart.pdf

5　地域防災計画

　防災業務計画は縦割りの計画ですが、地域防災計画は、地域において実施すべき防災事務や業務を定めた横断的な計画です。地域防災計画には、都道府県の地域において都道府県防災会議が策定する都道府県防災計画と市町村の地域について市町村防災会議が策定する市町村地域防災計画があります。

　地域防災計画の内容は、震災対策編や風水害対策編など、地域で発生する可能性の高い災害の種類毎に作成されることが一般的であり、それぞれの計画は災害発生後の時間経過に合わせて、災害予防、災害応急対策、災害復旧・復興の３つの対応段階から構成されています。

　例えば東京都では、「震災編」「風水害編」「火山編」「大規模事故編 」「原子力災害編」が作成されていますが、各都道府県の災害種別ごとの策定状況を見ると、わが国に潜む災害リスクの傾向が見えてきます。

　地震を前提とした震災対策は全都道府県で策定されており、地震の危険性は全都道府県が抱えているリスクといえるでしょう。市区町村レベルでも 1750 の団体のうち、1192 の団体が震災対策についての記述をしています、また台風などを想定した風水害対策も 33 の都道府県で作成

されており、海に囲まれ、台風の被害地域が万遍なく広がっているわが
国の特徴を反映しています。

5-1　都道府県地域防災計画

まず、都道府県の地域防災計画ですが都道府県の行う防災業務だけで
はなく、県内の市町村やその区域を管轄する指定地方行政機関、指定公
共機関等が行う防災業務の大綱が定められる仕組みになっています。こ
れは、都道府県の地域内で行われる主要な防災機関の防災活動が横断的
に整合性のとれた形で実施されるよう総合的に調整をする必要性がある
からです。

5-2市町村地域防災計画

次に、市町村の地域防災計画ですが、基本的に市町村の区域内で行わ
れる具体的な防災措置の内容を明らかにすることが主たる役割で、国の
防災基本計画や都道府県地域防災計画、各省庁や公共機関等の防災業務
計画と整合が図られています。

市町村地域防災計画に定める内容は、次の通りです。

市町村地域防災計画

災害対策基本法第42条
　第2項　市町村地域防災計画は、おおむね次に掲げる事項につい
　　て定めるものとする。
　第1号　当該市町村の地域に係る防災に関し、当該市町村及び
　　当該市町村の区域内の公共的団体その他防災上重要な施設の
　　管理者（第四項において「当該市町村等」という。）の処理
　　すべき事務又は業務の大綱

> 第2号　当該市町村の地域に係る防災施設の新設又は改良、防災のための調査研究、教育及び訓練その他の災害予防、情報の収集及び伝達、災害に関する予報又は警報の発令及び伝達、避難、消火、水防、救難、救助、衛生その他の災害応急対策並びに災害復旧に関する事項別の計画
>
> 第3号　当該市町村の地域に係る災害に関する前号に掲げる措置に要する労務、施設、設備、物資、資金等の整備、備蓄、調達、配分、輸送、通信等に関する計画

　市町村地域防災計画は、災害対策基本法第42条に記載されているように、アクションプランの要素が強いといえます。これは、市町村が災害対応の一次的責任者として住民の生命、身体、財産を保護する事務を処理するものとされていることによるものだと思います。

　また、地域防災計画は、もともとは行政だけで行う計画だったのですが、阪神・淡路大震災以降は、災害時の市民との協働、自主防災組織の役割に大きなウエイトを占めるようになってきています。災害対策基本法に東日本大震災の教訓から地域住民が作成した地区防災計画を市町村地域防災計画に位置付けることができるという規定ができました。これについては、第10章で説明します。

5-2-1 神戸市地域防災計画

　では、市町村地域防災計画の内容の一部を神戸市の地域防災計画から見ていきましょう。

　神戸市地域防災計画は、阪神・淡路大震災や東日本大震災などの課題と教訓を踏まえ、様々な災害に対応するための計画を定めており、「共通編」、「地震・津波対策編」、「風水害対策編」、「大規模事故災害対策編」

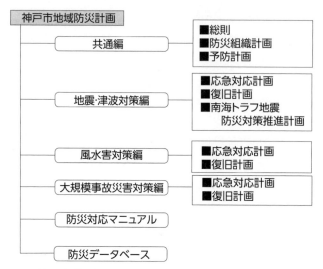

図5-2　神戸市隊は防災計画の体系
【出典】神戸市HP
https://www.city.kobe.lg.jp/a46152/shise/kekaku/kikikanrishitsu/plan/index.html

に加え、「防災対応マニュアル」、「防災データベース」から構成されています。国の防災基本計画は、地震、津波、風水害、火山、雪害、大規模事故等の日本で起こる自然災害及び大規模事故を対象としていますが、神戸市地域防災計画は神戸市で発生の可能性のある災害として、地震・津波、風水害、大規模事故等を対象にしています。

　それでは、市町村が災害対応の一次的責任者として住民の生命、身体、財産を保護するめの神戸市地域防災計画の中から地震・津波対策編と風水害対策編について見ていきましょう。

　地震・津波対策編

　地震・津波対策編は、「応急対応計画」、「災害復旧計画」、「南海トラフ地震防災対策推進計画」で構成されています。

　応急対応計画では、地震・津波災害が発生した場合の応急的対応、拡大防止のための対策などの基本的な計画を定めています。

　この応急対応計画は、発災からの対応フェーズごとに章を構成しています。また、防災活動計画は、地震が発生してからの市民の命を守るために最も大切な発生からの1週間を、(1) 発生後〜発災後24時間、(2) 発災後24時間〜72時間、(3) 発災後　3日後〜1週間程度に分けて時系列で実施すべき応急対策の流れが示されています。まさにアクションプランです。参考に、時系列となっている防災活動計画の「(1) 発災後〜24時間」を64頁に掲載しました。

風水害対策編

　風水害対策編は、「応急対応計画」、「災害復旧計画」で構成されています。

　応急対応計画では、洪水災害、土砂災害などが発生し、又は発生する恐れがある場合の応急的対応、拡大防止のための対策などの基本的な計画を定めています。

　風水害対策編の特徴としては、台風等の風水害は、いつ起こるか分からない地震とは異なり、台風等が発生してから被害が生じるまでには時間の猶予があり、先を見越した対応により被害を最小限にとどめることが出来ることから、災害発生前の対応が掲載されています。

　参考に「神戸市風水害タイムライン (防災行動計画)」を65頁に掲載しました。

　なお、神戸市地域防災計画の詳細は神戸市HPに公開されていますのでご覧ください。

https://www.city.kobe.lg.jp/a46152/shise/kekaku/kikikanrishitsu/plan/index.html

図5-3

時間	主な応急対策事項
(1)初動対応期 発災後〜24時間以内	**[津波発生時]** ・避難指示の発令・発信　・津波避難誘導　・防潮扉等の閉鎖 **[情報収集・伝達・広報]** ・被害状況、初動対応状況等情報の収集と伝達 ・被害全体状況、生命確保に関する情報等の市民への発信　・安否確認（職員等） **[広域連携・受援]** ・広域応援の要請、受入れ **[救助・救急医療活動]** ・生き埋め者等の救出活動　・けが人、病人等の救急医療活動　・救護所の設置 **[消火活動]** ・同時多発火災の消火活動 **[避難・避難所開設]** ・避難誘導　・緊急避難場所及び避難所の開設 ・緊急避難場所及び避難所開設状況の把握 **[要配慮者への対応]** ・要援護者支援チームの編成　・安否確認 ・避難所での配慮が必要な方の把握、スクリーニングに基づく対応 ・基幹福祉避難所の開設 **[物資供給]** ・飲料水、食料の確保、供給　・生活物資の確保、供給 **[ライフライン確保]** ・各ライフライン被害状況の把握、応急対応 **[交通規制]** ・緊急交通路の確保　・交通規制の実施及び状況の把握 **[海上交通安全の確保]** ・船舶交通の整理・指導　・船舶交通の制限または禁止 ・応急措置(危険防止措置、情報提供、応急標識の設置)　・危険物の保安措置 **[緊急輸送]** ・道路、橋梁等の被害状況の把握　・緊急輸送道路の確認調査　・道路啓開の準備 ・公共ヘリポートの被害状況の把握及び臨時ヘリポートの設置　・港湾施設被害状況の把握 **[ボランティア活動の支援]** ・「ボランティア班会議」の招集　・神戸市災害ボランティア情報センター、区災害ボランティアセンターの設置検討・要請 **[行方不明者捜索・埋火葬]** ・行方不明者の把握　・火葬場等施設被害状況の把握　・棺やドライアイスの確保 **[廃棄物処理]** ・避難所等への仮設トイレの設置　・ごみ処理場や終末処理場等施設被害状況の把握 ・廃棄物処理計画の立案と仮置場の選定 **[被災地安全確保]** ・県へ被災建築物応急危険度判定士の派遣要請 **[二次災害防止]** ・被害状況の調査

【出典】神戸市地域防災計画　地震・津波対策編　防災活動計画
　　神戸市HP 神戸市地域防災計画地震・津波対策編4頁　令和5年6月神戸市防災会議
　　https://www.city.kobe.lg.jp/documents/14602/jisintunamitaisakuhen.pdf

神戸市地域防災計画　風水害対策編

1−4 タイムライン（防災行動計画）

　台風等の風水害は、いつ起こるか分からない地震とは異なり、台風等が発生してから被害が生じるまでには時間の猶予があり、先を見越した対応により被害を最小限にとどめることが出来る。

　そこで、本計画の「予防計画」及び「応急対応計画」の内容について、防災行動と実施主体を時系列で整理した、「神戸市風水害タイムライン（防災行動計画）」（以下、「本市タイムライン」という。）を策定している。

1．災害想定

　風水害の発生要因は、台風や前線性降雨のように災害発生までの現象が長時間にわたり、事前に災害や被害の規模等がある程度想定される場合や、局地的大雨のように、短時間で発災に至る場合がある。これらは雨の降り始めから発災までの時間が異なるものの、実施すべき行動内容には差が無いことから、本市タイムラインでは台風による被害を基本として整理し、前線性降雨や局地的大雨 にも準用するものとする 。

2．対象とする期間とフェーズの考え方

　本市タイムラインは、主として住民の避難に着目し、災害への準備から、災害の収束までを対象とし、切迫 度に応じて、段階（フェーズ）を設定する。

　実際の対応においては、全市域で等しく災害の切迫度が高まっていく場合もあれば、一方で、ある河川の流域ではフェーズ３であるが、別の流域ではフェーズ１であるというように、気象状況や地理的要因により市内各地で異なるフェーズが同時進行することも想定

される。また、大気が不安定な状態になり、局地的な大雨が短時間に降り、災害の切迫度が急激に高まることも考えられる。

そのため、本市タイムラインで定めるフェーズは必ずしも順番通りに進むものではなく、各地の状況に応じて対応するフェーズを変えたり、災害の切迫度に応じてフェーズをスキップするなど、柔軟に対応するものとする。

表5-4　タイムラインのフェーズ

災害の切迫度	フェーズ	段階
高 ↓ 非常事態 ↓	0	台風等による大雨への準備段階
	1	防災気象情報を把握する段階
	2	高齢者等避難を発令するかどうかの段階
	3	高齢者等避難を発令する段階
	4	避難指示を発令する段階
	5	発災段階
	6	収束段階

【出典】神戸市HP 神戸市地域防災計画風水害対策編21頁　令和5年6月神戸市防災会議
https://www.city.kobe.lg.jp/documents/14602/huusuigaitaisakuhen.pdf

参考文献

・内閣府HP防災情報のページ 防災対策制度
・総務省消防庁 平成30年版消防白書「2.地区防災計画」平成31年1月
・神戸市HP 神戸市地域防災計画と水防計画 2023年7月1日利用
・生田長人 防災法 信山社 2013年11月1日発行

第6章

災害対策基本法の災害予防

1 狭義の災害予防

　災害予防とは、災害対策基本法第46条に「災害の発生又は拡大を未然に防止するために行うもの」と規定されています。

　その災害対策基本法第46条第1項各号には、災害の発生又は拡大を未然に防止するために行う次の事項が記載されています。

狭義の災害予防

第1号　防災に関する組織の整備に関する事項
第2号　防災に関する教育及び訓練に関する事項
第3号　防災に関する物資及び資材の備蓄、整備及び点検に関する事項
第4号　防災に関する施設及び設備の整備及び点検に関する事項
第5号　災害が発生し、又は発生するおそれがある場合における相互応援の円滑な実施及び民間の団体の協力の確保のためにあらかじめ講ずべき措置に関する事項
第6号　要配慮者の生命又は身体を災害から保護するためにあらかじめ講ずべき措置に関する事項
第7号　前各号に掲げるもののほか、災害が発生した場合における災害応急対策の実施の支障となるべき状態等の改善に関する事項

　この災害予防は、同条第2項の規定で「指定行政機関の長及び指定地方行政機関の長、地方公共団体の長その他の執行機関、指定公共機関の長等に義務付けられています。これは、災害応急対策の実施に責任があるものと重なることから、災害対策基本法第46条の災害予防は災害応

急対策の確実な実施を担保するために実施することが義務付けたものです。

　これらの災害予防は当たり前のことを規定しているのですが、極めて重要な事項です。例えば、市町村の普段の業務は、住民基本台帳、マイナンバー制度や国民年金などの市民生活にかかわる事務を行っていますが、大災害時には普段行ったことのない避難所運営等の被災者の命や安全衛生を守るため業務を迅速確実に行わなければなりません。防災教育や防災訓練等は極めて重要です。

2　広義の災害予防

　皆さんが災害予防で思いつくのは、治水、治山事業や建物の耐震化、不燃化ではないかと思います。自主防災組織等の住民の防災活動を思いつかれたかもわかりません。これらは、災害対策基本法第8条第2項各号で、国及び地方公共団体に努力義務として規定された災害予防です。災害対策基本法第46条に規定された災害予防を狭義の災害予防とするならば、同法第8条第2項は広義の災害予防と分類できます。

　それでは、広義の災害予防について説明していきます。

　治山、治水その他国土の保全に関する事業（同法8条2項2号）では、代表的なものに治水ダムや砂防堰堤の整備があります。整備するのに多額の費用と長期間を要し、対応できる災害規模にも限界がありますが、災害の発生確率が高く、多くの人命や財産を守る場合に有効な手段であるといえます。

　次に都市の防災構造の改善に関る事業（同法8条2項3号）です。空地の確保や建築物の耐震不燃化等を行う事業で震災時の市街地大火対策

には大変有効です。代表的なものに木造密集市街地整備事業等があります
が、実施に膨大な費用がかかり、地権者の合意が不可欠なので一般的
には長い年月がかかることも多いという課題があります。

　治山、治水事業や木造密集市街地整備事業等のハード対策は、すぐに
改修できるものではないので、ソフトの予防対策との組み合わせが大切
です。

　例えば、自主防災組織の育成や国民の防災活動の促進事業(法8条2
項13号)です。河川氾濫や土砂災害時の住民の早期避難や地震時の住
民の初期消火や倒壊家屋からの救出活動等を促進するために、平常時か
ら危険箇所の点検・周知、災害履歴の伝承、避難や消火訓練等を通じて、
地域全体としての防災力の向上をハード対策と並行して行っていくこと
が求められます。

広義の災害予防

災害対策基本法第8条

　第2項　国及び地方公共団体は、災害の発生を予防し、又は災害
　　の拡大を防止するため、特に次に掲げる事項の実施に努めなけ
　　ればならない。

　第1号　災害及び災害の防止に関する科学的研究とその成果の
　　実現に関する事項

　第2号　治山、治水その他の国土の保全に関する事項

　第3号　建物の不燃堅牢ろう化その他都市の防災構造の改善に
　　関する事項

　第4号　交通、情報通信等の都市機能の集積に対応する防災対
　　策に関する事項

第5号　防災上必要な気象、地象及び水象の観測、予報、情報その他の業務に関する施設及び組織並びに防災上必要な通信に関する施設及び組織の整備に関する事項

第6号　災害の予報及び警報の改善に関する事項

第7号　地震予知情報（大規模地震対策特別措置法（昭和五十三年法律第七十三号）第二条第三号の地震予知情報をいう。）を周知させるための方法の改善に関する事項

第8号　気象観測網の充実についての国際的協力に関する事項

第9号　台風に対する人為的調節その他防災上必要な研究、観測及び情報交換についての国際的協力に関する事項

第10号　火山現象等による長期的災害に対する対策に関する事項

第11号　水防、消防、救助その他災害応急措置に関する施設及び組織の整備に関する事項

第12号　地方公共団体の相互応援、第六十一条の四第三項に規定する広域避難及び第八十六条の八第一項に規定する広域一時滞在に関する協定並びに民間の団体の協力の確保に関する協定の締結に関する事項

第13号　自主防災組織の育成、ボランティアによる防災活動の環境の整備、過去の災害から得られた教訓を伝承する活動の支援その他国民の自発的な防災活動の促進に関する事項

第14号　被災者の心身の健康の確保、居住の場所の確保その他被災者の保護に関する事項

第15号　高齢者、障害者、乳幼児その他の特に配慮を要する者（以下「要配慮者」という。）に対する防災上必要な措置

に関する事項

第16号　海外からの防災に関する支援の受入れに関する事項

第17号　被災者に対する的確な情報提供及び被災者からの相
談に関する事項

第18号　防災上必要な教育及び訓練に関する事項

第19号　防災思想の普及に関する事項

参考文献

・生田長人 防災法 信山社 2013年11月1日発行
・内閣府HP防災情報のページ　災害予防の強化平成16年度

第 7 章

災害応急対策

1 災害対策基本法に規定される災害応急対策

　災害対策基本法の災害応急対策とは、同法第50条第1項で「災害が発生し、又は発生するおそれがある場合に災害の発生を防御し、又は応急的救助を行う等災害の拡大を防止するために行うもの」とされています。

　さらに、同法第50条第2項で、「災害応急対策の実施の責任を有する者は、法令又は防災計画の定めるところにより、災害応急対策に従事する者の安全の確保に十分に配慮して、災害応急対策を実施しなければならない。」と災害応急対策の実施の責任を有する者は、災害応急対策を実施する義務を負っています。これは、災害応急対策は、直接に、人命や財産に影響する行為であるからです。また、災害応急対策の実施の責任を有する者とは主として市町村長、補完的に都道府県知事等が該当します。

　災害対策基本法の災害応急対策の規定は、国民の権利義務に関する規定の多さが目立ち、市町村長に多くの権限と責務が課せられています。これは、災害対策基本法の制定時にバラバラで行われていた災害応急対策について、その一次的責任主体を市町村長と位置づけたことによるものです。災害対策基本法で市町村長に住民を災害の危険から守ることを目的に次のような責務と権限を定めています。

　主な市町村長の責務と権限（災害対策基本法抜粋）
・災害に関する情報の収集及び伝達（第51条）
・消防機関及び水防団への出動命令等（第58条）
　（上記の他、警察官、海上保安官の出動要請）

・居住者に対する避難指示等（第60条）

（避難指示、緊急安全確保措置を指示することができる）

・災害の発生の防御と拡大防止に必要な応急措置（第62条）

・警戒区域を設定し、立入り制限、退去（第63条）

・他の市町村長や都道府県知事への応援要求（第67条、第68条）

・都道府県知事に対する自衛隊災害派遣要請の要求（第68条の2）

　災害応急対策の実施に当たっては、市民に最も身近な行政として、第1次的には市町村が当たり、都道府県が市町村を支援するとともに広域にわたり総合的な処理を必要とする対策に当たる。また、市町村の対応能力を超え、都道府県の支援を受けてもなお不足するような大規模災害の場合には、国が積極的に災害応急対策を支援することとなっています。

　以上が災害対策基本法に規定する災害応急対策ですが、他に災害応急対策には、災害救助法に基づくものと消防、警察、自衛隊によるものがあります。このうち災害救助法については、第8章で説明します。

2　災害対策基本法以外の災害応急対策

2-1 消防

　消防は、災害応急対策の一次的責任者として位置づけられている市町村長に属する実働機関です。消防は消防組織法第1条で「消防は、その施設及び人員を活用して、国民の生命、身体及び財産を火災から保護するとともに、水火災又は地震等の災害を防除し、及びこれらの災害に因る被害を軽減することを以て、その任務とする。」とされ、災害応急活動そのものが任務となっています。

①消防の組織

消防組織法で消防本部、消防署、消防団の３つを消防機関と定め、市町村にはこれらの消防機関のうち、全部又は一部を設けなければならないとされています。

消防本部（消防署）は、市町村に設置される常備消防機関で、その構成員は普通地方公務員です。

消防団は、市町村の非常備の消防機関であり、消防団員は、他に本業を持ちながらも、権限と責任を有する非常勤特別職の地方公務員として、「自らの地域は自らで守る」という郷土愛護の精神に基づき、消防・防災活動を行っています。

② 消防の指揮命令系統

消防の管理者は市町村長で、消防の部隊への指揮監督は、市町村長が消防機関の長（消防本部の消防長や消防団の団長）を通じて行います。また、消防本部と消防団の関係は、法律上並列的関係にありますが、連携して消防活動を行う際には指揮系統を一元化するため消防団は消防長

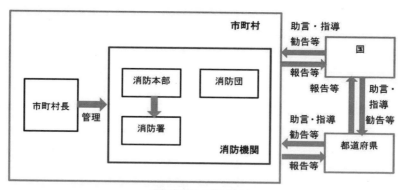

図７−１　　　自治体消防の管理体制
【出典】総務省消防庁HP消防博物館
https://www.bousaihaku.com/orgprofile/11414/

または消防署長の所轄のもとに行動するものとされています。

　国及び都道府県には市町村の消防行政を補完する役割があり、必要に応じて助言や指導、勧告を行うこととされています。

　③消防の任務

　消防の任務は、消火活動、救助活動、救急活動です。消防署所には消防ポンプ自動車、救助工作車、救急車等が配置され、24時間体制でいつでも出動できる体制を整えています。消防活動は被害を少なくするために分単位のスピードが要求されます。

　消防は日常的に発生する火災とか交通事故や急病等から、発生頻度が低いが甚大な被害が予測される地震、津波、風水害、あるいはコンビナート災害やNBC災害等までを守備範囲としています。

　・消火活動

　消防隊は、火災の消火活動を行う部隊です。市街地の消火活動の目標は「一戸建ての専用住宅で発生した火災を1棟の独立火災で抑える」こととしています。その目標を実現するため、国は「消防力の整備指針」（平成12年消防庁告示第1号）で、「消防署所から消防ポンプ自動車で出動してから、6.5分以内（119番通報受信の時点からは8分以内）に火災現場に消防ポンプ自動車が到着して放水できるように、消防署所を整備し消防ポンプ自動車を配置する」という火災を1棟の独立火災で抑えるための想定モデルを示し、消防署所及び消防ポンプ自動車の配置基準を示しています。この基準が日本の市街地大火を防いでいるといえます。

　・救助活動

　救助隊は、人命救助を行うために必要な救助器具を装備した部隊です。救助隊は火災の他、交通事故や水難事故、特殊災害や土砂災害、地震等の幅広い災害現場に出場します。

阪神・淡路大震災で神戸市消防局が行った救助活動の記録から、生存救出率をみると、震災当日の17日が80.5%、18日28.5%、19日21.8%、20日5.9%、21日5.8%と24時間を境に急激に生存救出率が低くなり、72間経過後は生存救出率が一桁となっています。助けるには、できるだけ早く救出を行うべきです。

・救急活動

　救急業務は地域住民との関わりが最も深い業務です。救急隊は通常3人一組で活動し、搬送中必要があれば救命処置を行います。特に救急救命士の資格を有する救急隊員は、心肺停止状態の傷病者への高度な救命処置を行うことができます。この心肺停止状態の傷病者への救命処置は時間との戦いで、医学的には心停止後、脳は3〜4分間の血流停止によって脳に重大なダメージを受けるといわれています。このため、心肺停止の傷病者が発生した場合、近くに居合わせた人が適切な応急処置（心肺蘇生法とAED）を速やかに開始することが大切です。

・地震等の災害への対応

　林野火災、風水害、火山災害、地震災害等の自然災害や、石油コンビナートにおける災害、原子力災害、毒劇物災害、地下施設やトンネルにおける災害といった各種災害に対して、防災体制の充実強化に取り組んでいます。

・消防の相互応援体制

　消防本部（消防署）は市町村消防の原則により運営されているので、災害が複数の市町村にまたがって発生した場合や、大規模災害や特殊な災害のために一市町村では対応しきれない場合があるため、相互に応援する努力義務があります。また、阪神・淡路大震災の教訓から全国レベル応援システムである緊急消防援助隊が整備されています。これらの応

援体制は消防組織法に定められています。

2-2 警察

① 警察の組織と指揮命令

警察法に基づき、国に警察庁が設置され、その統括下に警視庁並びに道府県警察本部がおかれています。

警察庁は国の組織で内閣総理大臣との関係は、内閣総理大臣の所轄の下に国家公安委員会が置かれ、国家公安委員会は警察庁を管理しています。

警視庁並びに道府県警察本部と都道府県知事との関係ですが、都道府県知事の所轄の下に都道府県公安委員会が置かれ、都道府県公安委員会は都道府県警察を管理しています。

参　考

・所轄とは、指揮命令権のない監督であって、指揮監督より更に弱いつながりを示す。

・管理とは、事務執行の細部についての個々の指揮監督を含まないが、公安委員会の所掌事務について大綱方針を定め、その大綱方針に即して警察事務の運営を行わせるために、警察庁又は都道府県警察を監督する趣旨であり、警察庁又は都道府県警察における事務の処理が、大綱方針に適合していないと認めるときは、必要な指示を行うこととなる。

【出典】　平成13年警察白書第9章「公安委員会制度と警察活動のささえ」

② 警察の任務

　災害応急対策での警察の任務の根拠条文は。警察官職務執行法第3条第1項の「応急の救護を必要とする者の保護」及び警察官職務執行法第4条第1項の「危害を受ける虞れのある者等に対する避難や危害防止の実施」等です。これらに基づき具体的には、大規模災害発生時において、警察は被災者の避難誘導及び救出救助、行方不明者の捜索等に従事するほか、検視・身元確認、各種交通対策、被災地における各種犯罪等への対策等にも取り組むなど、幅広い役割を担っています。

　また、警察官には災害対策基本法に基づき、次の行為について市町村長の権限の代替執行が認められています。

　代替執行が認められている権限

　第59条第2項（市町村長の事前措置等）、第61条（警察官等の避難の指示）、第63条第2項（市町村長の警戒区域設定権等）、第64条第7項（応急公用負担等）

③ 災害警察派遣隊

　警察は、都道府県警察の原則のもとに都道府県単位で活動することとなっていますが、警察法第60条第1項により大規模災害時には、警察庁又は他の都道府県警察に援助を要求できるという規定が置かれています。また、大規模災害発生時の被災者の救出、交通対策、検視等に対応するために即応部隊（広域緊急援助隊）と一般部隊（特別警備部隊）から構成された災害警察派遣隊が編成されることとなっています。

警察官職務執行法

> 第3条　警察官は、異常な挙動その他周囲の事情から合理的に判断して左の各号の一に該当することが明らかであり、且つ、応急の救護を要すると信ずるに足りる相当な理由のある者を発見したときは、とりあえず警察署、病院、精神病者収容施設、救護施設等の適当な場所において、これを保護しなければならない。
>
> 　　第1号　精神錯乱又はでい酔のため、自己又は他人の生命、身体又は財産に危害を及ぼす虞のある者
>
> 　　第2号　迷い子、病人、負傷者等で適当な保護者を伴わず、応急の救護を要すると認められる者
>
> 第4条　警察官は、人の生命若しくは身体に危険を及ぼし、又は財産に重大な損害を及ぼす虞のある天災、事変、工作物の損壊、交通事故、危険物の爆発、狂犬、奔馬の類等の出現、極端な雑踏等危険な事態がある場合においては、その場に居合わせた者、その事物の管理者その他関係者に必要な警告を発し、及び特に急を要する場合においては、危害を受ける虞のある者に対し、その場の危害を避けしめるために必要な限度でこれを引き留め、若しくは避難させ、又はその場に居合わせた者、その事物の管理者その他関係者に対し、危険防止のため通常必要と認められる措置をとることを命じ、又は自らその措置をとることができる。

3-3 自衛隊

　自衛隊は、自衛隊法第83条に基づき行われる災害派遣行動として、救助、水防、医療、防疫、給水、人員の輸送といった様々な活動を行っています。災害派遣には、都道府県知事等の要請に基づく派遣の他、自主派遣　近傍派遣　地震防災派遣　原子力災害派遣があり、いずれも災害派遣の3要件である緊急性の原則、非代替性、公共の原則が満たされている場合に災害派遣が行われることになっています。

　東日本大震災では、「派遣された自衛隊の部隊の規模は、ピーク時、陸上、海上、航空自衛隊の総数で、人員約107,000名、航空機541機、艦艇59隻となった」（立法と調査　2011.6 No.317 東日本大震災に対する自衛隊等の活動　外交防衛委員会調査室　笹本　浩）と圧倒的動員力で大規模災害時はなくてはならないものとなっている。

　自衛隊法第86条で「部隊等が行動する場合には、当該部隊等及び当該部隊等に関係のある都道府県知事、市町村長、警察消防機関その他の国又は地方公共団体の機関は、相互に緊密に連絡し、及び協力するものとする。」とし、都道府県知事及び市町村長の指揮下に入らず、密接に連絡しながら協力して活動することとなっています。

　自衛隊法

> （災害派遣）
>
> 第83条　都道府県知事その他政令で定める者は、天災地変その他の災害に際して、人命又は財産の保護のため必要があると認める場合には、部隊等の派遣を防衛大臣又はその指定する者に要請することができる。

　第2項　防衛大臣又はその指定する者は、前項の要請があり、事態やむを得ないと認める場合には、部隊等を救援のため派遣することができる。ただし、天災地変その他の災害に際し、その事態に照らし特に緊急を要し、前項の要請を待ついとまがないと認められるときは、同項の要請を待たないで、部隊等を派遣することができる。

　第3項　庁舎、営舎その他の防衛省の施設又はこれらの近傍に火災その他の災害が発生した場合においては、部隊等の長は、部隊等を派遣することができる。

　第4項　第一項の要請の手続は、政令で定める。

　第5項　第一項から第三項までの規定は、武力攻撃事態等における国民の保護のための措置に関する法律第二条第四項に規定する武力攻撃災害及び同法第百八十三条において準用する同法第十四条第一項に規定する緊急対処事態における災害については、適用しない。（地震防災派遣）

第83条の2　防衛大臣は、大規模地震対策特別措置法（昭和53年法律第73号）第11条第1項に規定する地震災害警戒本部長から同法第13条第2項の規定による要請があつた場合には、部隊等を支援のため派遣することができる。（原子力災害派遣）

第83条の3　防衛大臣は、原子力災害対策特別措置法（平成11年法律第156号）第17条第1項に規定する原子力災害対策本部長から同法第20条第4項の規定による要請があつた場合には、部隊等を支援のため派遣することができる。（関係機関との連絡及び協力）

参考文献

・生田長人 防災法 信山社 2013年11月1日発行
・総務省消防庁HP消防博物館 自治体消防の管理体制
・警察白書 第9章「公安委員会制度と警察活動のささえ」平成13年
・立法と調査 2011.6 No.317 「東日本大震災に対する自衛隊等の活動」2011年6月

第8章

災害救助法

1　災害対策基本法に規定される災害応急対策

　15頁の表1-3　主な災害対策関係法令の類型別整理表をご覧ください。この表は防災行政に関連する法律の一覧表です。災害救助法は、この表の予防、応急、復旧・復興のうち応急に当たる部分で、災害応急対策について書かれている法律です。消防、警察、自衛隊と違い、災害救助法の救助は、例えば地震で家が全壊をした場合、生活、生存していくには、住む所が必要になります。食料や飲料水が必要になります。それを補うのが災害救助法で、地方公共団体が避難所の設置や食料や飲料水の提供等を行うことを定めています。つまり、災害救助法は災害時の憲法第25条の国民の基本的生存権を保障したものです。この救助法の救助は、法定受託事務として都道府県知事により実施されます。

2　災害救助法が適用される災害

　災害救助法が適用される災害ですが、災害救助法の目的は、第1条で「被災者の保護と社会秩序の保全を図ること」されており、社会秩序を守るために国が被災者の保護を行わなければならない程度の災害が要件とされています。
　具体的には、災害救助法施行令第1条で一定数以上の世帯の住家が滅失したことが要件と定められています（11頁　表1-1災害救助法の適応基準　参照）。
　なお、一定数以上の世帯の住家が滅失していなくても、1軒でも2軒でも災害によって被害を受けた場合は、そこに住んでいる人は困るわけで、基本的には一人であっても、生存権に係る問題になってくるので、

そういった場合は、市町村長が災害対策基本法に基づく応急処置として、自らの責任と費用で、被災者の避難所への収容等の必要な救助を行うこととなっています。例えば火災なんかはそうですが、火災で全焼した場合は、立ちどころにそこに住んでいた人は住む所が無くなってしまう。その場合には市町村長が住まいを提供することなどが行われています。

3　災害救助法の適用と応急救助の主体

　救助法の適用に至らない規模の災害の場合は、災害対策基本法に基づき市町村が救助の実施主体になります。都道府県は後方支援とか総合調整を行う。これが災害救助法施行令第１条の災害規模を上回った場合には、都道府県知事により災害救助法が適用され、その実施主体は都道府

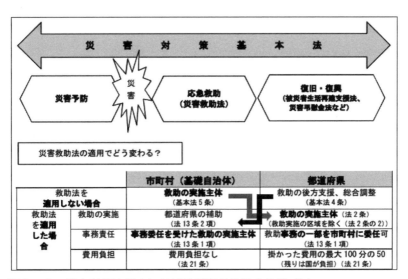

図８-１　災害対策法制上における災害救助法の位置づけ
【出典】内閣府・防災情報「災害救助法の概要」（令和元年度）

県になります。市町村は都道府県の補助を行うそういう立場になります。都道府県は救助を実施できますが、被災地市町村に委任することもできます。委任した場合は、委任を受けた市町村が実施主体となります。

　費用については救助法を適用していない場合は、市町村が費用を負担する。救助法を適用した場合は、市町村には費用負担の義務がなくて、都道府県及び国が費用を負担する。災害救助法を適用した場合の国と都道府県の負担割合は、都道府県はかかった費用の最大100分の50とし、残りを国が負担します。

4　救助の種類

　救助の種類には、表8－1の12種類があります。

　家を焼きだされた、全壊したという人たちに避難所を提供する。炊き出し等で食料を提供する。つまり、被災者の生存等にかかるものを提供するのが、災害救助法の救助です。これについては、貧富の別なく被災者に対して平等に実施されます。いくらお金持ちでも被災直後には、住む所がない。食べるものも買うことができない。生存に係るものは平等に災害救助法で提供しようということです。

表8－1　災害救助法における救助の種類

○避難所の設置	○被災者の救出
○応急仮設住宅の供与	○住宅の応急修理
○炊き出しその他による食品の給与	○学用品の給与
○飲料水の供給	○埋葬
○被服、寝具その他生活必需品の給与・貸与	○死体の捜索処理
○医療・助産	○障害物の除去

【出典】内閣府・防災情報「災害救助法の概要」令和元年度

5　1次的救助と2次的救助

　救助には1次的救助と2次的救助があります。1次的救助とは、被災者の生存にかかる救助です。表8－1の12種類の救助のうち、応急仮設住宅の供与、住宅の応急修理を除く10種類が該当します。貧富の別なく被災者に平等に提供されます。

　応急仮設住宅の供与、住宅の応急修理は、2次的救助に該当し、自分の資力では住宅を確保できない被災者のみを対象としています。預貯金や不動産がある人は自分で家を建てることができるので救助の対象にならないとされています。これは、自然災害の復旧は、被災者の責任で行うべきであるという考え方からきています。

6　災害救助の原則

　この災害救助法には、災害救助事務取扱要領に平等の原則、必要即応の原則、現物給付の原則、現在地救助の原則、職権救助の原則の5つの原則が定められています。

　例えば、現在地救助の原則とは、被災者が被災した場所で避難所の提供等の救助を受けることができるということです。観光客とか買い物客等がたまたま被災地に来られていた場合でもその場所を所管する都道府県知事が救助を実施しなければならないということです。

　地震でホテルが倒壊し宿泊できなくなれば、立ちどころに今日の寝床に困ります。そこで避難所に入っていただく、住民以外にも旅行者も避難所に収容する必要があると言う事になります。参考までに、災害救助事務取扱要領の災害救助の5つの原則を掲載いたします。

災害救助の原則（災害救助事務取扱要領）

出典 災害救助事務取扱要領 内閣府政策統括官（防災担当）付 参事官（被災者行政担当）付 平成26年6月

（1）平等の原則

ア 災害による混乱は、社会経済機構等を破壊又は麻痺させ、一時的には生活に必要欠くべからざる衣食住の基本的な要件を脅かすこととなるが、法による救助は、こうした事態に行われるものである。

イ 事情の如何を問わず現に救助を行わなければ、被災者の保護と社会秩序の保全に欠けると認められるときには、等しく救助の手をさしのべなければならない。

ウ 被災者の経済的な要件等は必ずしも問われず、現に救助を要しているか否かにより判断されるべきであり、現に救助を要する場合には平等に行われるべきである。

（2）必要即応の原則

ア 平等の原則は、救助の対象者について必ずしも経済的な要件等を問わないが、法による救助は、被災者への見舞制度ではないので、必ずしも救助を全ての被災者に画一的、機械的に行わなければならないわけではない。

イ 同じ被災者に対する救助であっても、個々に被災者個人にとってどのような救助が、どの程度必要であるかを判断し、必要なものについては必要な程度行われなければな らないが、それを超えて救助を行う必要はない。

ウ 同じように住家に被害を受けた者であっても、生活必需品等

を持ち出すことのでき た者や、他から生活必需品を得た者に対して
ては、重ねてこれらを支給する必要はない。

　エ　現に居住している住家を災害により失った者であっても、比
較的経済的に恵まれ、自ら住家を再建できる者や、別に建物を所有
し当面そこに居住できる者に対しては、応急仮設住宅を供与する必
要はない。

　（3）現物給付の原則

　ア　災害が発生すると、生活に必要な物資は欠乏し、あるいはそ
の調達が困難になるため、金銭は物資の購入にはほとんどその用を
なさない場合が多く、法による救助はまさにこうした事態に行われ
るものである。

　従って、法による救助は現物をもって行うことを原則としてい
る。

　イ　金銭を給付すれば足りるような場合には、通常、法による救
助を実施して社会秩序 の保全を図らなければならないような社会
的混乱（又はそのおそれ）があるとは考えにくいということを基本
的な考え方としている。

　ウ　単なる経済的困窮は、法による救助が対応するものではなく、
その他の法律又は施策で対応すべき性格のもので、法の予定しない
ところである。

　（4）現在地救助の原則

　ア　法による救助は緊急時の応急的な救助であり円滑かつ迅速に
行われることが極めて 重要であることから、法による救助は被災
者の現在地において実施することを原則としている。

　イ　住民はもとより、旅行者、一般家庭の訪問客、その他その土

地の通過者等を含め、全ての被災者に対して、その現在地を所管する都道府県知事（又は市町村長）が救助を行う。

（5）職権救助の原則

法による救助は、応急救助の性質からして被災者の申請を待つことなく、都道府県知事がその職権によって、救助すべき対象（人）、救助の種類、程度、方法及び期間を調査、決定の上、実施することとなっている。

従って、形式的には、これに対して一般国民の側からの異議申し立てやそれに基づく救済手段は定められていない。

7　一般基準と特別基準

災害救助法の救助には、救助の程度、方法及び期間について、一般基準と特別基準の定めがあります（災害救助法第3条）。一般基準は、内閣総理大臣が定める基準に従い、あらかじめ、都道府県知事がこれを定めています。例えば被災者に炊き出しを行う場合は、1人1日あたり、1,160円以内と上限が決まっています。この定められた金額の範囲内で被災者に食事を提供することになります。しかし、一般基準の1,160円では、満足な食事を提供できない場合には、都道府県知事は内閣総理大臣と協議して、同意を得たうえで特別基準として、適正な金額にすることができます。

表8-2　炊き出しその他による食品の給与の概要

	一般基準	備考
対　象　者	避難所に避難している者、住家に被害を受け、又は災害により現に炊事のできない者	
費用の限度額	1人1日あたり　1,160円以内	(※)
救　助　期　間	災害発生の日から7日以内	
対　象　経　費	主食費、副食費、燃料費、炊飯器・鍋等の使用謝金又は借上費、消耗器材費、雑費	

下線部は特別基準（＊）の設定が可能なもの
（＊）特別基準：一般基準では救助の適切な実施が困難な場合には、都道府県知事は内閣総理大臣に協議し、その同意を得た上で、特別基準を定めることができる。

（出典：内閣府・防災情報「災害救助法の概要（令和元年度）」）

（※）1人平均かつ3食でという意味である。（令和2年3月31日現在）

主な留意事項
○炊き出し等の給与については、避難所に避難しているからとか、炊事ができない状況にあるからというのみで単に機械的に提供するのではなく、近隣の流通機構等も勘案しながら実施すること。
○握り飯、調理済み食品、パン、弁当等を購入して支給する場合の購入費は、炊き出しの費用として差し支えない。
○避難所等での炊き出しが長期化する場合は、できる限りメニューの多様化、適温食の提供、栄養バランスの確保等、質の確保について配慮するとともに、状況に応じて管理栄養士等の専門職の活用も検討すること。
○避難所ではなく、自宅において避難生活をしている方が避難所に炊き出し等の給与を受け取りに来た場合も対象となる。
○避難所における避難者以外の職員やボランティア等の食事については、対象とならないこと。

【出典】内閣府・防災情報「災害救助法の概要」令和元年度

参考　救助の程度、方法及び期間

> (1) 一般基準
> 　救助の程度、方法及び期間は、応急救助に必要な範囲内において、内閣総理大臣が定める基準
> （※）に従い、あらかじめ、都道府県知事等が、これを定める。（※ 平成25年内閣府告示第228号）
> 　(2) 特別基準
> 　一般基準では救助の適切な実施が困難な場合には、都道府県知事等は、内閣総理大臣に協議しその同意を得た上で、特別基準を定めることができる。

【出典】内閣府・防災情報「災害救助法の概要」令和2年度

8　避難所

　災害時の避難所の開設等は、市町村が行う自治事務とされています。そのため、災害対策基本法第49条の7で市町村長に、災害により自宅で生活が送れなくなった住民等が一時的に滞在することを目的とした指定避難所を指定することが義務付けられています。避難所には他に、同法第49条の4で土砂災害、洪水、津波、地震等の避難場所としての指定緊急避難場所を市町村長が指定することとされています。

　指定避難所は、市町村が開設し運営しますが、災害救助法の適用になった場合は、避難所の実施主体が市町村から都道府県に移り、市町村は、都道府県の補助として避難所運営の実務を行う体制になります。地震等の災害の場合は、ほとんどが災害救助法による避難所運営になります。

　避難所とは、災害時に住家を失った住民等の生活の場を一次的に提供し、住民の安全を守る場所です。救助の程度、方法及び期間の一般基準では、避難所の経費は、1人1日当たり330円以内、避難所の設置期間は災害発生の日から7日以内となっています。しかし、阪神・淡路大震災等の災害では、避難所生活が数か月にわたることもあります。その場

合は開設期間については特別基準の設定がされ、必要に応じて延長することが可能です。

　また、避難所は小学校が指定される場合が多いですが、暑さ対策や衛生対策でエアコンや仮設風呂を設置するとか、情報収集のためにテレビをレンタルで借りるとか、こういったことも災害救助法の国庫負担の対象となります。必要な場合は、避難所を運営している市町村や都道府県に相談すればいいと思います。

表8－3　避難所の設置

	一　般　基　準
対象者	災害により現に被害を受け、又は受けるおそれのある者
費用の限度額	1人1日当たり 330 円以内
救助期間	災害発生の日から 7 日以内
対象経費	避難所の設置、維持及び管理のための賃金職員雇上費、消耗器材費、建物等の使用謝金、借上費又は購入費、光熱水費並びに仮設便所等の設置費

　※ 下線部は特別基準の設定が可能なもの。

【出典】内閣府・防災情報「災害救助法の概要」令和2年度

9　応急仮設住宅

　前述のように災害が発生し、自宅で生活が送れなくなった被災者等が一時的に滞在する場所として、避難所が開設されます。しかし、開設期間も7日以内と短く、住環境も十分なものではないため、災害救助法では、災害により住家がなくなり、自らの資力では住宅を確保することができない被災者に対して、2年間を限度に、応急仮設住宅を都道府県が提供します。応急仮設住宅には、建設型応急住宅と賃貸型応急住宅及びその他適切な方法によるものに分類されます。

　(1) 建設型応急住宅

建設型応急住宅は、コミュニティ単位での入居も可能なので、生活スタイルやコミュニティを維持しやすいという利点があります。一方で用地の確保や仮設住宅の建設にかなりの時間がかかるのが課題だと思います。

表8-4　建設型応急住宅

	一般基準	備考
対象者	住家が全壊、 全焼又は流出した者であって、自らの資力では住宅を確保できない者	半壊であっても住み続けることが困難な程度の傷みや避難指示の長期化が見込まれるなどの全壊相当を含む （個別協議）
費用の限度額	1戸当たり平均 5,714,000円以内	
住宅の規模	応急救助の趣旨を踏まえ、実施主体が地域の実情 世帯構成等に応じて設定	プレハブ業界において、 単身用（6坪タイプ） 小家族用 （9坪タイプ）、 大家族用 （12坪） の仕様が設定されていることも考慮する
集会施設の設置	おおむね50戸に1施設設置可	50万未満でも小規模な集会施設の設置可
着工時期	災害発生の日から20日以内	
救助期間	完成の日から最長2年 （建築基準法85条）	「特定非常災害」の指定がある場合のみ、1年を超えない期間ごとの延長が可能

【出典】内閣府・防災情報「災害救助法の概要」令和2年度

(2) 賃貸型応急住宅

表8-5　賃貸型応急住宅

	一般基準	備考
対象者	住家が全壊、全焼又は流出した者であって、自らの資力では住宅を確保できない者	半壊であっても住み続けることが困難な程度の傷みや避難指示の長期化が見込まれるなどの全壊相当を含む（個別協議）
費用の限度額	地域の実情に応じた額 （実費）	家賃 共益費 敷金 礼金 仲介手数料又は火災保険等、民間賃貸住宅の貸主又は仲介業者との契約に不可欠なもの
住宅の規模	世帯の人数に応じて建設型仮設住宅で定める規模に準じる規模	
着工時期	災害発生の日から速やかに提供	
救助期間	最長2年 （建設型応急住宅と同様）	「特定非常災害」の指定がある場合のみ、1年を超えない期間ごとの延長が可能

【出典】内閣府・防災情報「災害救助法の概要」令和2年度

一般に賃貸型応急住宅の方が建設型応急住宅よりも早く入居できることと、恒久住宅なので、居住性能が高いことが利点です。特に、都市部においては民間賃貸住宅の空室が相当戸数存在すること、建設型応急住宅の用地確保が困難であることなどから、民間賃貸住宅等の空き家・空室が存在する地域においては、賃貸型応急住宅の積極的に活用することが望まれます。

一方で賃貸型応急住宅を活用する際には、従前の地域コミュニティの維持が出来ないことが課題として挙げられていることから、被災者の孤立防止や日常生活の相談等に対応できる地域コミュニティの集会施設を設置が出来ることとされています。

（3）その他の応急住宅

平成30年7月豪雨を契機に、応急仮設住宅としてトレーラーハウスやコンテナハウス等を活用する事例がみられるようになっています。コンテナハウス等は設置場所での水道・下水等の整備状況等の条件が良ければ、被災者に早く提供することができます。

令和2年7月豪雨において、熊本県球磨村では、北海道や茨城県など展示場に設置されていたムービングハウスを輸送して活用した事例があります。

10　災害救助法の運用 - 事務の流れ

災害救助法の事務の流れです。災害発生した場合に、災害発生地の市町村が管内の被害状況を把握し、市町村はその情報を都道府県に情報提供します。都道府県は市町村からの情報を内閣府に報告します。都道府県は市町村単位で災害救助法の適用を決定し内閣府に情報提供します。

都道府県は、救助の実施状況等から一般基準により難い特別の事情がある場合は、その都度、特別基準について内閣府と協議を行います。市町村は、必要があれば、都道府県知事に特別基準の要請を行います。市町村は、応急救助等に基づく救助費を都道府県知事に申請し、都道府県、内閣府の清算監査を経て、市町村に救助にかかった費用が返済されるという流れになります。詳しくは図8−2を参照してください。

図8−2　事務の流れ

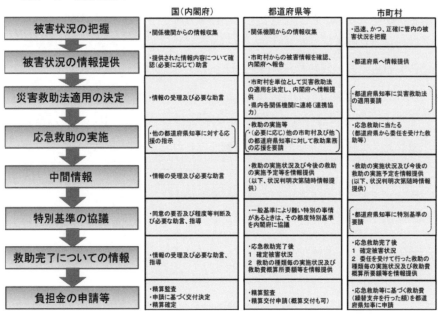

	国（内閣府）	都道府県等	市町村
被害状況の把握	・関係機関からの情報収集	・関係機関からの情報収集	・迅速、かつ、正確に管内の被害状況を把握
被害状況の情報提供	・提供された情報内容について確認（必要に応じて）助言	・市町村からの被害情報を確認、内閣府へ報告	・都道府県へ情報提供
災害救助法適用の決定	・情報の受理及び必要な助言	・市町村を単位として災害救助法の適用を決定し、内閣府へ情報提供 ・県内各関係機関に連絡（連携協力）	・都道府県知事に災害救助法の適用要請
応急救助の実施	・他の都道府県知事に対する応援の指示	・救助の実施等 ・（必要に応じ）他の市町村及び他の都道府県知事に対して救助業務の応援を要請	・応急救助に当たる（都道府県から委任を受けた救助等）
中間情報	・情報の受理及び必要な助言	・救助の実施状況及び今後の救助の実施予定等を情報提供（以下、状況判明次第随時情報提供）	・救助の実施状況及び今後の救助の実施予定を情報提供（以下、状況判明次第随時情報提供）
特別基準の協議	・同意の要否及び程度等判断及び必要な助言、指導	・一般基準により難い特別の事情があるときは、その都度特別基準を内閣府に協議	・都道府県知事に特別基準の要請
救助完了についての情報	・情報の受理及び必要な助言、指導	・応急救助完了後 1　確定被害状況 2　救助の種類毎の実施状況及び救助費概算所要額等を情報提供	・応急救助完了後 1　確定被害状況 2　委任を受けて行った救助の種類毎の実施状況及び救助費概算所要額等を情報提供
負担金の申請等	・精算監査 ・申請に基づく交付決定 ・精算確定	・精算監査 ・精算交付申請（概算交付も可）	・応急救助に基づく救助費（繰替支弁を行った額）を都道府県知事に申請

【出典】内閣府・防災情報「災害救助法の概要」令和2年度

参考文献

・生田長人　防災法　信山社　2013年11月1日発行
・内閣府HP　防災情報のページ　被災者支援

第 9 章

災害復旧・復興と生活再建

1 災害復旧

（1）災害対策基本法と災害復旧

災害対策基本法は、第6章に災害復旧に関する規定を定めています。同法第87条で「法令の規定により災害復旧の実施について責任を有する者は、法令又は防災計画の定めるところにより、災害復旧を実施しなければならない。」と規定し、社会的に公共性が高く、早急に復旧が必要なものについては、復旧に必要な費用に対して公共土木施設災害復旧事業費国庫負担法等により国による復旧費用の負担、補助制度を定めています。また、電気、ガス、電話等のライフライン事業者はそれぞれの防災業務計画等に基づき復旧を行うこととしています。

災害復旧の実施責任

災害対策基本法第87条

第87条　指定行政機関の長及び指定地方行政機関の長、地方公共団体の長その他の執行機関、指定公共機関及び指定地方公共機関その他法令の規定により災害復旧の実施について責任を有する者は、法令又は防災計画の定めるところにより、災害復旧を実施しなければならない。

（2）災害復旧の原則

災害対策基本法第87条に「法令又は防災計画の定めるところにより、災害復旧を実施しなければならない。」と定められ、その法令の一つである公共土木施設災害復旧事業費国庫負担法で「この法律において「災害復旧事業」とは、災害に因つて必要を生じた事業で、災害にかかつ

た施設を原形に復旧することを目的とするものをいう（同法第2条第2項）。」と災害復旧は、原形復旧が原則であると定義しています。

公共土木施設災害復旧事業費国庫負担法

（目的）

第1条　この法律は、公共土木施設の災害復旧事業費について、地方公共団体の財政力に適応するように国の負担を定めて、災害の速やかな復旧を図り、もつて公共の福祉を確保することを目的とする。

（定義）

第2条　この法律において「災害」とは、暴風、こう水、高潮、地震その他の異常な天然現象に因り生ずる災害をいう。

第2項　この法律において「災害復旧事業」とは、災害に因つて必要を生じた事業で、災害にかかつた施設を原形に復旧することを目的とするものをいう。

（3）主な災害復旧事業

河川・道路・港湾等の公共的施設等が被災した場合には、できる限り速やかに復旧させることが必要です。原則として国の直轄事業については2か年、補助事業については3か年で事業を完了させることとしています。

また、国は災害復旧事業を実施するために大きな財政負担を負う被災地方公共団体に対し、災害関係地方債の同意又は許可及びこれに対する財政融資資金の貸付、普通交付税の繰上げ交付、特別交付税における災害に伴う特別の財政需要の算定等の措置を講じ、財政負担の軽減を図っ

ています。これは、災害は地域的・時間的に極めて偏って発生し、災害発生の地域や時期、規模の予測が困難であること、災害復旧に必要な費用は莫大かつ大きく変動することから個別の地方公共団体のみで負担することは困難または非効率なので、国の支援が不可欠であるとされています。

　主な災害復旧事業は表9－1のとおりです。

表9－1 主な災害復旧事業

事項・内容	根拠法律等	関係省庁
(1)　公共土木施設災害復旧事業 河川，海岸，砂防設備，林地荒廃防止施設，地すべり防止施設，急傾斜地崩壊防止施設，道路，港湾，漁港，下水道，公園	公共土木施設災害復旧事業費国庫負担法	農林水産省，国土交通省
(2)　農林水産業施設等災害復旧事業 農地，農業用施設，林業用施設，漁業用施設，共同利用施設	農林水産業施設災害復旧事業費国庫補助の暫定措置に関する法律	農林水産省
(3)　文教施設等災害復旧事業 ①公立学校施設災害復旧事業 ②その他（国立学校，文化財）	公立学校施設災害復旧費国庫負担法	文部科学省
(4)　厚生施設等災害復旧事業 ①社会福祉施設等災害復旧事業 　生活保護施設，児童福祉施設，老人福祉施設，身体障害者更生援護施設，知的障害者援護施設等 ②廃棄物処理施設災害復旧事業 ③災害等廃棄物処理事業 ④医療施設等災害復旧事業 ①⑤その他（水道施設，感染症指定医療機関）	生活保護法，児童福祉法，老人福祉法，身体障害者福祉法，知的障害者福祉法等 廃棄物の処理及び清掃に関する法律	厚生労働省，環境省
(5)　その他の施設に係る災害復旧事業 ①都市災害復旧事業（街路，都市排水施設等） ②既設公営住宅復旧事業 ③空港災害復旧事業 ④鉄道災害復旧事業	公営住宅法 空港法（旧空港整備法） 鉄道軌道整備法	国土交通省

【出典】内閣府・防災情報「平成22年版防災白書 2－4災害復旧・復興対策の実施」

2　災害復興

（1）災害復興とは

災害復興については、災害対策基本法第2条の2第6号の基本理念で

「災害が発生したときは、速やかに、施設の復旧及び被災者の援護を図り、災害からの復興を図ること。」と規定されています。災害復興の定義を規定している法律はありませんが、地震・防災関連用語集（BIGLOBE）では、災害復旧・復興について「災害以前の状態に戻すことを復旧といい、長期的な展望に基づいてより安全で快適な新しい生活の場を創出することを復興といいます。」と説明しています。復旧とは、壊れた施設等を災害の起こる前の状態に戻すことであるのに対して、復興とは、災害により壊された生活の場を新たに安定した生活の場に創り上げる活動だと思います。

　また、東日本大震災復興基本法第2条（基本理念）の各号のうち、第1号では、「復興のための施策の推進により、新たな地域社会の構築がなされる」とし、第5号で、「次に掲げる施策が推進されるべきこと。」としています。

　　イ　地震その他の天災地変による災害の防止の効果が高く、何人も
　　　　将来にわたって安心して暮らすことのできる安全な地域づくり
　　　　を進めるための施策

　　ロ　被災地域における雇用機会の創出と持続可能で活力ある社会経
　　　　済の再生を図るための施策

　　ハ　地域の特色ある文化を振興し、地域社会の絆きずなの維持及び
　　　　強化を図り、並びに共生社会の実現に資するための施策

　以上のことから、復興とは、生活復興と産業復興からなる「まちづくり」といえると思います。

　（2）災害復興の手順

　大災害が発生すると、市町村は災害対策本部を設置して、倒壊家屋からの生埋め者の救助等や避難所対応や被災者への物資提供、罹災証明の

発給、災害廃棄物の処理等のさまざまな災害応急対策が行われます。次に大災害の場合は復興関連業務も膨大なものとなるので、全庁体制で災害復興を進めるために「災害復興本部等」が設置され、○復興基本方針の策定、○復興計画・市街地復興計画の策定、○建築制限、○復興事業の計画の策定等が行われます。

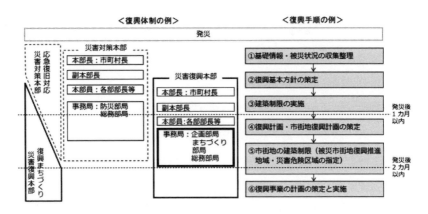

図9−1　復興体制と復興手段
【出典】国交省「復興まちづくりのための事前準備について」令和元年7月

（3）復興まちづくり - 市街地の復興対策 -

　復興まちづくりには、土地区画整理事業、市街地再開発事業、住宅地区改良事業等があります。他に防災上の理由から住宅を集団で移転する場合には防災集団移転促進事業等が活用されます。国は、これらに対し助成措置を講じています。阪神・淡路大震災で用いられた土地区画整理事業、市街地再開発事業について説明します。

○土地区画整理事業

　・土地区画整理事業とは、道路、公園、河川等の公共施設を整備・改善し、土地の区画を整え宅地の利用の増進を図る事業です。

　・公共施設が不十分な区域では、地権者からその権利に応じて少しず

つ土地を提供してもらい（減歩）、この土地を道路・公園などの公共用地が増える分に充てる他、その一部を売却し事業資金の一部に充てる事業制度となっています。

（公共用地が増える分に充てるのが公共減歩、事業資金に充てるのが保留地減歩）

・事業資金は、保留地処分金の他、公共側から支出される都市計画道路や公共施設等の整備費（用地費分を含む）に相当する資金から構成されています。これらの資金を財源に、公共施設の工事、宅地の整地、家屋の移転補償等が行われます。

・地権者においては、土地区画整理事業後の宅地の面積は従前に比べ小さくなるものの、都市計画道路や公園等の公共施設が整備され、土地の区画が整うことにより、利用価値の高い宅地が得ることができきます。

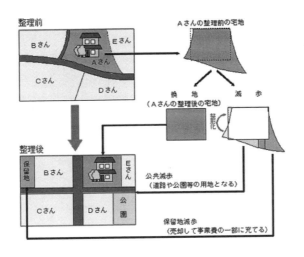

図9-2　土地整理区画事業のしくみ
【出典】国土交通省HP　土地整理区画事業とは
https://www.mlit.go.jp/crd/city/sigaiti/shuhou/kukakuseiri/kukakuseiri01.htm

○市街地再開発事業

・市街地再開発事業は、都市再開発法に基づき、市街地内の老朽木造建築物が密集している地区等において、細分化された敷地の統合、不燃化された共同建築物の建築、公園、広場、街路等の公共施設の整備等を行うことにより、都市における土地の合理的かつ健全な高度利用と都市機能の更新を図る事業です。

・事業のしくみは、敷地を共同化し、高度利用することにより、公共施設用地を生み出し、従前の権利者の権利は、原則として等価で新しい再開発ビルの床に置き換えます（権利床）。また、高度利用で新たに生み出された床（保留床）を処分し事業費に充てます。

・事業の種類は、第一種市街地再開発事業（権利変換方式）と二種市街地再開発事業（管理処分方式（用地買収方式））があります。

・施行者は、個人（第一種のみ施行）、組合（第一種のみ施行）、再開発会社、地方公共団体、都市再生機構等です。

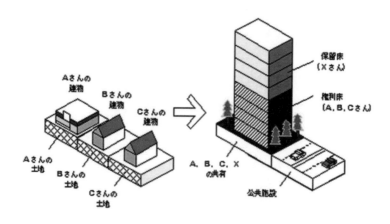

図9－3　市街地再開発のイメージ

【出典】国土交通省HP　土地整理区画事業とは
https://www.mlit.go.jp/crd/city/sigaiti/shuhou/saikaihatsu/saikaihatsu.htm

(4) 地域経済の復興対策

　地域の経済状況は、その地域の住民の雇用、収入その他の生活基盤の安定の面で、非常に大きくかかわってきます。地域経済の復興とは、地域を支える産業の再建し雇用機会の創出と持続可能な社会経済の再生を図ることで、迅速的確に実施すべきことです。このため、産業復興については、被災した中小企業に対する日本政策金融公庫、商工組合中央金庫等の災害復旧資金の貸付や、信用保証協会による信用保証の特例措置等の制度が設けられているほか、農林漁業者に対してはその経営の安定を図るため各種の支援制度が設けられています。

　(5) 大規模災害からの復興に関する法律

　大規模災害復興法は、東日本大震災の教訓を今後に生かし、今後の防災対策を充実・強化するため、平成 24 年 6 月の災害対策基本法の改正に併せて成立しました。

・恒久的法制度

これまでの大規模災害に対する復興の枠組みは、発災後にその都度、特別法の制定等の整備を行い対応してきましたが、これを恒久的法制度に改めました。これで、本法によって、個別の特別法の制定を待たずに閣議決定をもって、復興対策本部を設置し、復興基本方針を策定することが可能となりました。

・適用される災害

この法律が適用される災害ついて、基本的には、阪神・淡路大震災や東日本大震災と同等規模以上のものを想定しており、復興対策本部や復興計画に基づく特例等については、災害対策基本法に基づく緊急災害対策本部が設置された災害に適用することとされています。（特定大規模災害：法第 2 条第 1 号）。近い将来発生が予測されている南

海トラフ地震や首都超過地震を念頭に置いたものではないかと思います。

・組織

内閣総理大臣を本部長とする復興対策本部制度が規定され、その事務は復興のための施策の総合調整とされています。

(6) 生活再建

災害支援用語集サイガイペディアによれば「被災によって損なわれた生活の基盤である家屋を再建する。または住み替えによって新たな住居を得ること、それに伴う経済的な再建も含まれる」と説明されている。

a　災害弔慰金の支給等

災害により被害を受けた場合に、災害により死亡した者の遺族には災害弔慰金、災害により著しい障害を受けた者には災害障害見舞金が支給されます。災害により負傷又は住居、家財の損害を受けた者には生活再建に必要な資金の貸し付けが行われます。

b　被災者生活再建支援制度

・制度の目的

被災者生活再建支援法は、平成7年に発生した阪神・淡路大震災が契機となって平成10年に制定された法律であり、自然災害によりその生活基盤に著しい被害を受けた者に対し、被災者生活再建支援金を支給することにより、その生活の再建を支援し、もって住民の生活の安定と被災地の速やかな復興に資することを目的としています。

・支給対象

著しい被害を受けた世帯が対象となります。更に、令和2年12月の支援法の一部改正により、支援金の支給対象が中規模半壊世帯まで拡大されました（適用される対象災害については、令和2年7月豪雨災

害以降に適用）。

・支援金

支援金には、住宅の被害程度に応じて支給する基礎支援金と住宅の再建方法に応じて支給する加算支援金があります。

「基礎支援金」として全壊世帯に 100 万円、大規模半壊世帯に 50 万円が支給され、この額に、「加算支援金」が住宅を建設・購入する場合は 200 万円、補修する場合は 100 万円、賃借する場合は 50 万円がそれぞれ加算される仕組み（金額はいずれも世帯人数が複数の場合、単数世帯は各 3/4 相当の金額）となっています。

中規模半壊世帯への支援金は「加算支援金」のみで、住宅を建設・購入する場合は 100 万円、補修する場合は 50 万円、賃貸する場合は 25 万円がそれぞれ支給されます。（金額はいずれも世帯人数が複数の場合、単数世帯は各 3/4 相当の金額）

詳しくは、表 9 - 2 被災者生活再建支援制度を参照してください。

表9－2被災者生活再建支援制度

1. 制度の対象となる自然災害

① 災害救助法施行令第1条第1項第1号又は第2号に該当する被害が発生した市町村
② 10世帯以上の住宅全壊被害が発生した市町村
③ 100世帯以上の住宅全壊被害が発生した都道府県
④ ①又は②の市町村を含む都道府県で，
　　5世帯以上の住宅全壊被害が発生した市町村(人口10万人未満に限る)
⑤ ①～③の区域に隣接し，
　　5世帯以上の住宅全壊被害が発生した市町村(人口10万人未満に限る)

2. 制度の対象となる被災世帯

上記の自然災害により
① 住宅が「全壊」した世帯
② 住宅が半壊，又は住宅の敷地に被害が生じ，その住宅をやむを得ず解体した世帯
③ 災害による危険な状態が継続し，住宅に居住不能な状態が長期間継続している世帯
④ 住宅が半壊し，大規模な補修を行わなければ居住することが困難な世帯(大規模半壊世帯)

3. 支援金の支給額

支給額は，以下の2つの支援金の合計額となる
（※ 世帯人数が1人の場合は，各該当欄の金額の3／4の額）

① 住宅の被害程度に応じて支給する支援金(基礎支援金)

住宅の 被害程度	全壊 (2. ①に該当)	解体 (2. ②に該当)	長期避難 (2. ③に該当)	大規模半壊 (2. ④に該当)
支給額	100万円	100万円	100万円	50万円

② 住宅の再建方法に応じて支給する支援金(加算支援金)

住宅の 再建方法	建設・購入	補修	賃借 (公営住宅以外)
支給額	200万円	100万円	50万円

※一旦住宅を賃借した後，自ら居住する住宅を建設・購入(又は補修)する場合は，合計で200(又は100)万円

4. 支援金の支給申請

(申請窓口)　　　　市町村
(申請時の添付書面)　①基礎支援金: り災証明書, 住民票　　等
　　　　　　　　　　②加算支援金: 契約書(住宅の購入, 賃借等)　等
(申請期間)　　　　①基礎支援金: 災害発生日から13月以内
　　　　　　　　　②加算支援金: 災害発生日から37月以内

5. 基金と国の補助

○ 国の指定を受けた被災者生活再建支援法人(財団法人都道府県会館)が, 都道府県が
　相互扶助の観点から拠出した基金を活用し, 支援金を支給。(基金の拠出額:600億円)
○ 基金が支給する支援金の1/2に相当する額を国が補助。

【出典】内閣府 平成22年版 防災白書

参考文献

・生田長人 防災法 信山社 2013 年 11 月 1 日発行
・内閣府HP防災情報 平成22年版防災白書2-4災害復旧・復興対策の実施
・国土交通省HP　土地整理区画事業とは
　https://www.mlit.go.jp/crd/city/sigaiti/shuhou/kukakuseiri/kukakuseiri01.htm
・国土交通省 HP 市街地整備手法の紹介
　https://www.mlit.go.jp/crd/city/sigaiti/shuhou/kukakuseiri/kukakuseiri01.htm
・大規模災害復興法Ｑ＆Ａ　内閣府防災 復旧・復興担当
　https://www.bousai.go.jp/taisaku/minaoshi/pdf/0630_qa.pdf
・内閣府HP 防災情報のページ　被災者支援

第 10 章

地域防災―自主防災組織―

1　公助の限界と自助、共助への期待

　阪神・淡路大震災の消防の消火活動と救助活動から公助の限界を考察します。

（1）火災の消火活動

　阪神・淡路大震災が発生した直後の神戸市消防局の警備状況は、警備人員は292人で消火活動を行うポンプ車隊のほか、救急隊、救助隊、はしご車隊等の80小隊を編成し警備にあたっていました。

　地震当日の17日5時46分から6時までに神戸市内で建物火災が51件発生したのに対して、地震直後に出動可能であったポンプ車隊数は40隊で、火災の発生件数がポンプ車隊数を大きく上回りました。火災は神戸市内の全地域で発生しましたが、特に火災が集中したのは東灘区から須磨区の海岸沿いの帯状の市街地部分（激震地と一致しいる）で、当該地域に配置していたポンプ車隊数28隊に対して、5時46分から6時までに発生した建物火災の件数は50件でした。単純に50件から28隊を引き算したら22件の建物火災にポンプ車隊が1隊も出動しないということになります。つまり、放任火災が少なくとも22件も発生したのです。放任火災とは火災初期で消火活動が行われない火災のことで、消火活動が行われないと短時間で火元棟から隣接棟に次々と延焼します。この状態になると飛び火や大きな火炎からの巨大な輻射熱及び強風や火炎流によっての延焼が始まり消火が著しく困難な状態となります。状況によっては火災旋風が発生する場合もあり、住民が火災に巻き込まれる事態も出てきます。

　1月17日5時47分に出火した長田区御蔵通の火災では、出火から23分後に消防隊が到着した時点で約1,000㎡が炎上していました。僅か24

神戸市長田区日尾町　　　　　　　神戸市長田区久保町7丁目西側

【出典】神戸市:阪神・淡路大震災「1．17の記録」

分で大規模火災に成長しており、応援ポンプ車隊を投入しても延焼し続け13時間14分が経過した19時00分に消し止め、焼損面積は25,509㎡の大火となりました。

　このような状況の中、神戸市は、震災直後に甲号非常招集を発令し全職員の招集指令を出しました。（地震発生後2時間で約50％、5時間後に約90％以上の職員が参集）

　また、1月17日9時40分に消防庁等に対して広域応援の要請を行い、他都市の応援は、11時10分三田市（1隊）、13時40分大阪市（10隊）が到着して、その後続々と到着し17日24時で他都市の応援ポンプ車隊は182隊となっています。17日の建物火災での焼損面積は799,000㎡で、火災1件あたり約7,800㎡でしたが、応援ポンプ車隊が充足した18日～26日の火災1件あたりの焼損面積は約300㎡と激減してます。以上から17日の火災が延焼拡大したのは、地震により消火栓が使用不能になったこと、建物倒壊等により火災現場への駆けつけ時間に長時間要したことも市街地大火が発生した要因の一つですが、最大の要因は同時多発火災に対して出動可能なポンプ車隊数が不足していたことだと思います。

（2）倒壊家屋からの救助活動

　神戸市消防局では、震災発生時には専任救助隊4隊、救助隊兼ポンプ車隊7隊の計11隊を配置されており、震災発生直後から懸命の救助活動を行いましたが、神戸市消防局の救助能力を遥かに上回る生き埋め事案に対応しきれませんでした。

　1月18日からは、到着した他都市救助隊、自衛隊を加えて、消防、警察、自衛隊が合同で組織的な救助活動を行い、1月20日からはすべての倒壊家屋を捜査するローラー作戦を実施する等の組織的な救助活動を展開していますが、日本火災学会の調査結果から、阪神・淡路大震災で倒壊家屋に閉じ込められた人のうち、66.8％が自力又は家族により脱出しており、隣人等により救助された人は30.7％、救助隊による救助は1.7％に過ぎなかったことが分かりました。

神戸市長田区水笠通付近　　　　　　　神戸市東灘区深江南町付近

【出典】神戸市:阪神・淡路大震災「1．17の記録」

116

参考

「市街地大火を防ぐ8分消防」

　全国の消防本部は、国の「消防力の整備指針」（平成12年消防庁告示第1号）を踏まえて、消防署所及び消防ポンプ自動車を配置している。消防力の整備指針で消防署所の整備目標は、「一戸建ての専用住宅で発生した火災を1棟の独立火災で抑える」こととされている。消防力の整備指針で示されている「火災を1棟の独立火災で抑えるための想定モデル」では、火災が発生してから、6.5分以内（119番通報の時点からは8分以内）に火災現場に消防ポンプ自動車が到着して放水できるように、消防署所を整備し消防ポンプ自動車を配置することとしている。この基準が日本の市街地大火を防いでいるといえる。

　阪神・淡路大震災の同時多発火災のような、この想定モデルがうまく機能しない場合には、市街地大火が発生する都市構造を温存しているといえる。

「生存救助率と時間」

　阪神・淡路大震災で神戸市消防局が行った救助活動の記録（表10－1）で生存救助率をみると、震災当日の17日が80.5%、18日28.5%、19日21.8%、20日5.9%、21日5.8%と24時間を境に急激に生存救助率が低くなり、72間経過後は生存救助率が一桁となっている。この救助記録から地震等での倒壊家屋等からの救助は、できるだけ早く少なくとも72時間以内で行うべきです。

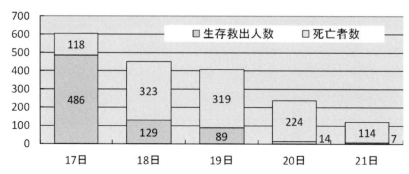

表10-1　日別救助人員状況

【出典】「阪神・淡路大震災　消防機関の対応」（神戸市）
https://www.city.kobe.lg.jp/a21572/bosai/shobo/hanshinawaji/taio.html
（令和5年5月5月15日に利用）

（3）住民の消火、救急救助活動

　阪神・淡路大震災での倒壊家屋の生埋め者の救助活動の状況を見てみると、大部分が住民の救助活動により救出されています。住民の防災活動の内容について見ていきたいと思います。

表10-2　阪神・淡路大震災における市民行動調査

表1　阪神淡路大震災における市民行動調査　　出典:神戸市消防局広報誌「雪」1995年5月

1	調査期間　平成7年2月20日～28日	
2	調査対象者　神戸市内に居住する男女840人	
3	調査方法　調査員が避難所等を訪問し面接聴取	
4	調査員　京都産業大学新社会ボランティアサークル	
5	調査項目(抜粋)	
①近所で倒壊家屋の下敷きになった者はいるか(単一回答)		はい　383人　いいえ　457人
②救出活動に当たった者はいるか(単一回答)		①で[はい]と回答のうち、76.5%が「はい」と回答
③救出活動にあたったのは誰か（複数回答）		②で[はい]と回答のうち、60.5%が「近所の者」と回答
		②で[はい]と回答のうち、18.9%が「家族」と回答
④近所で火災が発生したか(単一回答)		はい　232人　いいえ　608人
⑤消火活動にあたったものはいるか(単一回答)		④で[はい]と回答のうち、30.6%が「はい」と回答
⑥消火活動にあたったのは誰か（複数回答）		⑤で[はい]と回答のうち、53.5%が「近所の者」と回答
		⑤で[はい]と回答のうち、18.3%が「消防隊」と回答

【出典】神戸市消防局広報誌「雪」1995年5月

　神戸市消防局で実施した阪神・淡路大震災の被災者840人へのヒアリング調査（表10－2）では、840人のうち、383人が近所で生き埋めになった人がいると回答し、そのうち76.5%が救助活動を行われているのを現認しています。また、救助活動を現認した人のうち、60.5%は近所の人が救助活動に従事していたと証言しています。以上の調査結果から、倒壊家屋からの人命救助活動は、隣近所の住民の助け合いとして自然発生的に行われたことがわかります。

　つまり、震災時の倒壊家屋からの救助活動には、近隣住人の地縁関係による共助の力が大きく働いたことが指摘できると思います。

　この地震直後から行われた住民による救助活動で倒壊家屋から救助された人は大多数に及ぶとみられ、住民の救助活動で多くの人命を救ったといえます。また、神戸商船大学の寮生が救助班を編成して約100人を救助した組織的な救助活動の有効性を示す事例があり、救助活動は自主防災組織で取り組むことがより効果的であることが分かりました。

　次に表10－2で市民による火災の消火活動を見ると、840人のうち、232人が近所で火災が発生したと回答し、そのうち30.6%が消火活動を行われているのを現認し、消火活動は近所の人53.5%、消防隊18.3%、家族5.6%の割合で従事していたと証言されています。救助活動と比較して消火活動は、住民の消火活動従事率が低く、消防隊の消火活動が18.3%と高くなっています。これは、消防隊が消火に来るものと思い込み初期消火を行わなかった住民が多かったのではないかと思われます。著者も火災現場の横で近所の住民が数人で話しているのを見ました。出火直後に数か所で住民の初期消火活動で火災を消し止めた事例があるだけに地域の消火体制を整えることで火災による被害を軽減できると思います。

以上から住民の救助活動及び消火活動から、地域の隣近所の共助が大きな力を発揮することが分かりました。

　（4）自助、共助への期待

　通常の火災の消火や交通事故等については、市町村の消防で十分に対応できますが、地震等の大規模災害の場合は、市町村の消防力でカバーできる範囲を大きく超えることがわかりました。公助の限界です。

　災害規模が大きくなればなるほど、行政の対応できる範囲はその災害規模に対して相対的に小さくなります。しかし、大規模災害に対応できる消防力を市町村が日常的に整備することは、コストがかかりすぎて実現性はとても低いといえます。

　そこで、被災地の行政だけでは対応できない大規模災害では、消防をはじめ警察、市町村等の行政が全国応援体制を整備し、この全国応援体制は被害の軽減に大きな成果を出しています。しかし、全国応援体制の避けることのできない問題点は、応援隊の被災地までの駆けつけに相当の時間を要し、災害発生直後の活動が期待できないことです。距離等の物理的な要因であるので、この点を解決するのは難しいといえます。

　前述したように、火災の消火活動も倒壊家屋からの救助活動も発災直後の最初の数時間の災害対応活動が被害を軽減するカギとなります。

　阪神・淡路大震災で公助の限界をカバーしたのが、震災直後に行われた住民の自助、共助による自主防災活動です。

　阪神・淡路大震災以降、住民による自主防災活動は、防災行政で大きな注目を集め災害対策の柱の一つとして位置づけられ、市町村や都道府県の手によって自主防災組織の結成が進められています。その結果、自主防災組織の活動カバー率（全国世帯数に対する組織されている地域の世帯数の割合）は 1995 年で 43.8％ であったものが、2022 年には、

84.7%）と年々増加し、住民による自助、共助への期待は高まっています。

2　自主防災組織の実態

　全国の自主防災組織の結成状況は、全国1,741市町村のうち1,690市町村で設置されていますが、自主防災組織は、どのような組織でどのような活動が行われ、その課題は何かを見ていきます。

（1）組織の規模と母体

　R.M.マッキーバーは、コミュニティとは、その領域の境界が何らかの意味をもち、共同生活にある種の独自の共通の特徴があることとしています。総務省消防庁は、「自主防災組織の規模については、自分たちの地域は自分たちで守るという目的に向かって、自主防災活動を効果的に行うことができる規模が最適であり、地域住民が日常生活上の一体性を感じることのできるような規模が望ましいと考えられる。」としています。

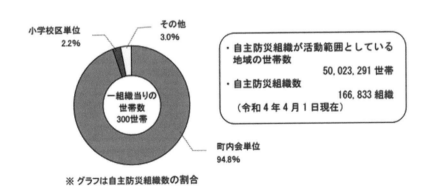

図10－1　自主防災組織の規模
【出典】:総務省消防庁「自主防災組織の手引き」令和5年3月

図10―1から全国の自主防災組織の94.8%が町内会を母体として組織されていることが分かります。町内会単位の自主防災組織が大部分を占めているのは、横田尚俊が「現代都市と地域防災活動」（年報社会学論集1992年1992巻5号119-130）の中で、「防災という領域は、都市住民のセキュリティの維持にかかわる問題として、地域社会における共同的問題処理機能の重要な一角を占めてきた 。それだけに、地域集団と防災活動との間には歴史的に深いかかわりがみられるのも確かである。たとえば、東京における町内会の成立に関して、1923年の関東大震災後に各地でつくられた自警団を母胎とするものが少なくない（千代田区編,1960,751頁）」とし、さらに、「夜警や物資の配給、震災後の地域復興活動等の必要性から災害に対する自分たちの組織化の重要性を町内住民が自ら痛感することにより、町内会が続々と組織化されていった」と指摘しているように、関東大震災以降に町内会による自主防災活動が定着したと思われます。

　次に、全体の2.2%と少数派である小学校区単位の自主防災組織の代表的なものとしては、神戸市の自主防災組織である防災福祉コミュニティがあります。これは、1965年の神戸市総合基本計画にまちづくりの手法として、C,Aペリーの近隣住区論を取り入れて、既存の小学校区を近隣住区と見なして、神戸市がコミュニティ行政を進めてきたことが、全国でも少数派である小学校区で自治会、民生委員、PTAなどの各種団体で構成する防災福祉コミュニティの組織化につながりました。

（2）自主防災組織の防災計画の策定

　「自主防災組織の手引き（総務省消防庁）」では、防災計画に盛り込むべき項目としては一般的に次のようなものが考えられるとしています。

①　平常時の取り組み

防災知識の普及・啓発、災害危険の把握、防災訓練、防災用資機材の備蓄及び管理

②　災害時の活動

情報の収集・伝達、出火防止・初期消火、救出・救護、給食・給水

③　他団体と協力して行う活動

避難行動要支援者対策、他組織との連携

(3) 自主防災組織の課題

　「自主防災組織の活動体制等の整備に関する調査研究報告書」（総務省消防庁平成 8 年 3 月）では、自主防災組織の運営、活動において、高齢化や昼間の活動要員の不足、活動に対する住民意識の不足、リーダーの不足のほか、会議や訓練の準備活動に使う活動拠点の不足、活動のマンネリ化等の課題が指摘されています。また、総務省消防庁が平成 28 年度に行った自主防災組織に対するアンケート調査では、多くの自主防災組織は、リーダー等の人材育成が進んでいないこと、防災活動の参加者が少ないことや、活動費や資機材の不足が課題として挙げられています。

　総務省消防庁「自主防災組織の手引き」で、「こうした課題は、組織の活動環境や人的・物的資源の不足等、様々な条件が重なって生じているとみられるが、組織が町内会単位を基準に結成されているところが多く、比較的小規模であることもその要因の一つとして挙げられる。」とし、「自主防災組織における今後の展開としては、近隣の自主防災組織が連絡を密にし、課題の解消や大規模災害時への対応に備えるとともに、消防団をはじめとする様々な地域活動団体との連携を図りながら地域のす

べての力を集結した取組みを進めることが重要である。また、住民の自主防災組織への参加意識を高めるほか、活動に参加しやすい工夫や新たな切り口による活動の活性化等が必要であると考えられる。」と地域での各種団体との連携を推奨しています。

3　神戸市の自主防災組織

　阪神・淡路大震災を経験した神戸市の自主防災組織について見ていきます。

　(1) 防災福祉コミュニティの誕生

　震災では、被災地消防等の公的機関の災害対応能力だけでは、発災直後の同時多発火災や倒壊建物での生き埋め等に対応できなかった。一方で市民の自助、共助が火災の消火や救助・救護等で大きな力を発揮した。このことを前提にして、神戸市消防局では、市民や有識者等の意見を基に自主防災組織のあり方の見直しを行いました。

　主な意見は、①消火活動は自治会単位で行われ、救急救助等の活動は、近所・個人単位で行われて効果があったことから、単位自治会を基盤とした消火、救助活動ができる組織にすべきだ（市民、有識者や職員の一致した意見であった）。②単位自治会の規模では組織が小規模であることから、会議や訓練等の活動拠点が不足すること、高齢化や昼間人口の減少により、活動要員が不足していることから近隣の自治会との連携した活動が必要である。③福祉の面からは、高齢者の火災での犠牲が多いことや高齢者の救急車搬送が多いこと、阪神・淡路大震災で高齢者の犠牲者が多かったことから、防災と福祉との連携が必要だ。という意見がありました。このような意見を踏まえて、1995年度から小学校区単位で

地域の団体が集まって福祉活動を行っていた「ふれあいのまちづくり協議会」に防災を融合した防災福祉コミュニティの結成を推進することとし、平成20年度で神戸市内全域の計192地区で結成されました。（図10－2防災福祉コミュニティの概略図参照）

図10－2　防災福祉コミュニティの概念図

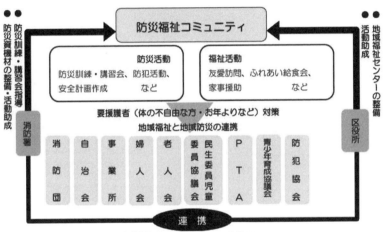

【出典】「神戸市防災コミュニティの概要」（神戸市）
https://www.city.kobe.lg.jp/a10878/bosai/shobo/bokomi/about/bokomi3.html
　（令和5年5月15日利用）

(2) 防災福祉コミュニティの組織

　防災福祉コミュニティの組織は、図10－3のとおり、概ね小学校区
単位に、「ふれあいのまちづくり協議会」の構成団体である自治会、婦
人会、民生委員・児童委員協議会、ＰＴＡ等の協議組織の「本部（世話
人会）」と単位自治会の「ブロック」で組織しています。

　本部（世話人会）の役割は、平常時は各団体の情報交換、災害時要援
護者の避難支援や避難所運営等の計画策定、防災福祉コミュニティの総
合訓練を行い、災害時は、災害情報集約とブロック間相互の活動応援調
整や災害時要援護者の避難支援の調整、避難所運営等を行い、ブロック
の役割は、平常時は消火訓練や危険個所の見回りを行い、災害時は消火・
救助活動等災害対応活動を行う実働組織として位置づけました。これに
より、災害対応活動は、自治会単位で行うことを明確にし、協議会方式
の弱点を解消しました。

　また、活動拠点は、ふれあいのまちづくり協議会の拠点として整備さ
れている地域福祉センター（小学校区に一か所設置）としました。防災
福祉コミュニティは、協議会方式の住民の総意を反映できる利点を生か
し、ブロックを自治会単位とすることで消火活動等の災害対応力を強化
した組織であるといえます。

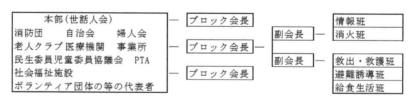

図10－3　防災福祉コミュニティの組織体制
【出典】神戸市消防局　地区担当制マニュアル1998年4月

126

（3）防災福祉コミュニティの活動

a）平時の活動

訓練は、本部で行う総合訓練とブロックで行うブロック訓練の2種類があります。

本部で行う総合訓練は、災害時要配慮者避難訓練、津波避難訓練や避難所運営訓練、小学生への防災学習等の小学校区全体で行う訓練です。

ブロック単位の訓練は、防災福祉コミュニティ内の自治会レベルでの小規模な防災訓練で、消火器や小型動力ポンプの取り扱い訓練等の災害対応能力を高めることに主眼をおいています。

訓練の他に防災資器材の整備・点検や災害時要配慮者避難支援計画や避難所自主運営マニュアル等の各種計画の策定見直し、安全マップの作成等も行っています。

また、平成4年度には提案型活動助成制度へ36地区の防災福祉コミュニティから神戸市消防局に申請があり、そのうち31地区が助成対象となり、防災ジュニアチーム育成活動や防災学習運動会、避難所開設訓練、夜間の要援護者避難支援訓練、三世代参加型防災訓練等の多種多様な取り組みが行われています。

b）災害時の活動

図10－3 の本部（世話人会）の役割は、災害情報の収集、役員間の情報交換、ブロック間の調整、避難所運営などが主な任務です。ブロックには情報班、消火班、救助救護班、避難誘導班が設けられ、安否確認、消火・救助・救急活動、避難誘導等の現場活動を行います。災害発生時の集合場所は、本部役員等は、活動拠点である地域福祉センターに集まり、ブロックの構成員は防災倉庫の設置場所（公園等）に集合して、それぞれの任務を行うことを想定しています。

c）アンケートからみた活動状況

兵庫県が 2014 年に防災福祉コミュニティに実施したアンケート調査結果によれば、防災福祉コミュニティの年間の活動回数は年に 12 回（毎月）が 30％と一番多く、年に 6 回 16％、年に 4 回 13％、年に 3 回 12％、年に 2 回 13％ と活発に活動していることがわかります。

（図 10 − 4 参照）

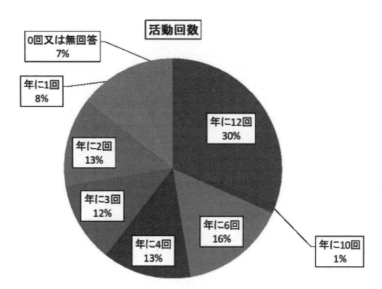

図10−4　防災福祉コミュニティの年間活動回数
【出典】第1回神戸（表六甲河川）地域総合治水推進協議会資料7

（4）課題

また、上記アンケートから防災福祉コミュニティの課題は、「高齢化」が最も多く 84％であり、次いで「参加する人が限られている」の 74％、「後継者が不足している」の 54％ となっており、人材に関する課題が多いことがわかりました。（図 10 − 5 参照）

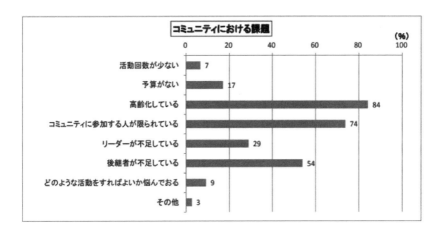

図10－5　防災福祉コミュニティの課題
【出典】第1回神戸（表六甲河川）地域総合治水推進協議会資料7

（5）地区防災計画

　東日本大震災において、自助、共助及び公助が連携することによって大規模広域災害後の災害対策がうまく働くことが強く認識されました。その教訓を踏まえて、2013年6月の災害対策基本法の改正で、災害対策基本法第42条の2に市町村内の一定の地区の居住者等が当該地区の自発的な防災対策に関する地区防災計画を作成して、市町村地域防災計画に位置付けることができる「地区防災計画制度」が規定されました。

　この地区防災計画は、自主防災組織に限らず地区の特性に応じて計画を作成することができ、市町村の地域防災計画の中に規定することで地区居住者と市町村との連携が強化される効果があると思います。

　多くの自主防災組織の計画では、平時は防災知識の普及、防災訓練の実施等を行い、災害時は、初期消火、負傷者の救助・救護等を行うこととなっていますが、プロの消防に近い消火や救助技術を持っている自主

防災組織も存在する一方で、住民の高齢化により、住民による消火活動や救助活動の実施が困難なところもあります。つまり、計画の項目は同じでも地域の状況で防災活動に違いがあります。

　地区防災計画は、地区の特性をよく知っている地区居住者自身が地区の実情に即した地域密着型の計画を作成することができます。住民の大部分が高齢者で、消火活動や倒壊家屋からの救助活動が困難な地域であれば、災害発生時の計画は、住民の安否確認の実施と火災に対しては消防への通報および近くの広域避難場所へ避難の実施等の高齢者でできることを計画する。また、平常時の活動としては、地震時の火災の発生リスクを軽減するための身近にできる対策を実施する。たとえば、耐震装置付き機器の使用、マイコンメータや感震ブレーカなどの設置による出火防止の対策を行う。家具転倒防止なども地域で行える効果的な防災対策です。かなりの防災活動を実施できる地域では、地震時にも使える消防水利の確保や住民が使える可搬式ポンプやスタンドパイプのような消火器具を整備し訓練を定期的に行う。このように、地域でできることと出来ないことを明確にして地区防災計画を作成することで、住民の高齢化などの自主防災組織の課題解決につながることが期待できます。

地区防災計画

> 災害対策基本法第42条第3項
> 　市町村地域防災計画は、前項各号に掲げるもののほか、市町村内の一定の地区内の居住者及び当該地区に事業所を有する事業者（以下この項及び次条において「地区居住者等」という。）が共同して行う防災訓練、地区居住者等による防災活動に必要な物資及び資材の備蓄、災害が発生した場合における地区居住者等の相互の支援その他の当該地区における防災活動に関する計画（同条において「地区防災計画」という。）について定めることができる。

参考文献

・消防庁 自主防災組織の手引 令和 5 年 3 月改訂版
・神戸市消防局「阪神・淡路大震災における「神戸市域」における消防活動の記録」平成7年3月 1 日 (財) 神戸市防災安全公社
・日本火災学会「1995 年兵庫県南部地震における火災に関する調査報告書」平成 8 年 11 月
・東灘区の震災記録集　被害と復旧活動　編集・発行：神戸市東灘区役所　東灘区自治会連絡協議会
・倉田和四生：防災福祉コミュニティ 1999 年 9 月 （株）ミネルヴァ書房
・Peny,ClarenceA.1924 倉田和四生訳 『近隣住区論』鹿島出版会 1975
・神戸市消防局 神戸消防の動き （令和 4 年版消防白書）令和4年11月神戸市消防局
・神戸市 HP　防災福祉コミュニティ提案型活動助成　神戸市消防局 令和 5 年 5 月 15 日に利用
　https://www.city.kobe.lg.jp/a10878/bosai/shobo/bokomi/activity/b_sinsakekka.html

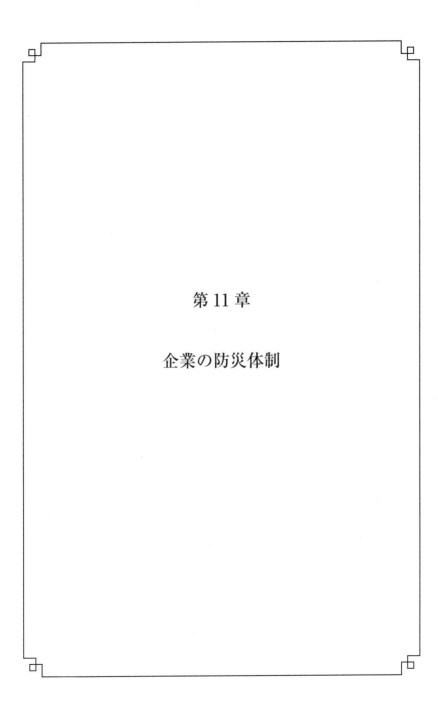

第 11 章

企業の防災体制

第3章で前述したように、災害対策基本法においては、国や地方公共団体といった行政以外に、日本銀行や日本赤十字社といった公共的機関と電気、ガスなど公益的事業を営む法人については、その公共性の高さ、災害時の国民生活の影響への大きさから、また、災害発生時に果たすべき役割の重要性から、「指定公共機関」、「指定地方公共機関」として防災に関する責任を負うものとして規定されています。

　災害を拡大する要因となる可能性がある危険物施設や災害発生時に多大な人的被害が発生する可能性がある百貨店等の集客施設、ホテル、学校なども「防災上重要な施設」として、その管理者に対する責務が規定されています。

　さらに、「その他法令の規定による防災に関する責務を有する者」についても、上述の機関と同様に、法令や地域防災計画の定めに従い、その責務を果たすべきことが規定されていますが、どのような法令の規定があるのでしょうか。

　災害対策基本法が対象とする災害は、豪雨や高潮、地震、津波といった自然災害だけでなく、「大規模な火事若しくは爆発」や「放射性物質の大量の放出、多数の者の遭難を伴う船舶の沈没その他の大規模な事故」といった人為的な原因による災害も含まれています。

　また、災害対策基本法の目的は、災害予防と災害応急対策、災害復旧などの災害対策の基本を定めることにあり、時系列的には大きく、予防、発生、復旧・復興段階の3つに分けられます。

　災害予防に関する法律としては河川法、水防法、地すべり等防止法、建築基準法、石油コンビナート等災害防止法、原子力災害対策特別措置法、そして消防法などがあります。

　これらのうち、災害応急対策に関する法律としても位置付けられる消

防法、石油コンビナート等災害防止法、水防法における企業（管理者）の防災体制をみてみます。

1　消防法

　第7章で説明しましたが、消防の任務範囲、消防責任を市町村が負うこと、消防機関の構成などについては消防組織法において規定されていますが、消防法は防火に関する法律で、火災の予防、警戒、鎮圧に加えて地震等の災害による被害の軽減も目的としています。

　火災への応急対策として、「火災警戒区域の設定」（第23条の2）、「火災発見の通報」（第24条）、「応急消火義務」（第25条）、「消火活動中の緊急措置」（第29条）など、消防吏員や消防団員の消火活動に関して規定されていますが、火災予防と被害の軽減は消防機関だけの役割ではなく、企業の果たすべき役割でもあり、火災の鎮圧に加えて、防火・防災管理制度や危険物規制、建築同意といった災害の発生を予防するための規制があります。

1.1　防火管理制度

　消防法では、「自分のところは自分で守る」という自主防火管理の原則に基づき、多数の者が出入りし、勤務または居住する防火対象物（建物）については、有資格者の中から防火管理者を定めて、防火管理に関する計画（消防計画）の作成、その計画に基づく防火管理上必要な業務を行わせなければならないことと規定されています。

　消防計画には、自衛消防の組織に関すること、火災予防上の自主検査に関すること、消防用設備の点検・整備に関すること、火災や地震などの災害が発生した場合における消火活動や通報連絡・避難誘導に関する

ことなどを定めるものとされており、計画に基づく教育や訓練の実施も規定されています。

1.2　防災管理制度

　東海地震、東南海・南海地震や首都直下地震の発生の可能性が高まっており、また毒性物質を用いたテロの発生も危惧されるなか、火災だけでなく地震などに対する事業所の消防防災体制を強化し、自衛消防力を確保することが必要となってきました。

　そこで、新たに一定の大規模・高層建築物について、防災体制を整備するための制度の導入を内容とする消防法の改正が平成 19 年に行われ、自衛消防組織の設置と防災管理者の選任及び火災以外の災害に対応した、消防計画の作成が義務付けられることになりました。

　この防災管理の対象となる災害には、地震の他、毒性物質の発散や放射性物質・放射線の異常な放出などが該当します。

【消防法】

> 第 8 条
>
> 　学校、病院、工場、事業場、興行場、百貨店（これに準ずるものとして政令で定める大規模な小売店舗を含む。以下同じ。）、複合用途防火対象物（防火対象物で政令で定める二以上の用途に供されるものをいう。以下同じ。）その他多数の者が出入し、勤務し、又は居住する防火対象物で政令で定めるものの管理について権原を有する者は、政令で定める資格を有する者のうちから防火管理者を定め、政令で定めるところにより、当該防火対象物について消防計画の作成、当該消防計画に基づく消火、通報及び避難の訓練の実施、消防の用に供する設備、消防用水又は消火活動上必要な施設の点検及び

整備、火気の使用又は取扱いに関する監督、避難又は防火上必要な構造及び設備の維持管理並びに収容人員の管理その他防火管理上必要な業務を行わせなければならない。

第2項～第5項略

第36条

第8条から第8条の2の3までの規定は、火災以外の災害で政令で定めるものによる被害の軽減のため特に必要がある建築物その他の工作物として政令で定めるものについて準用する。(以下略)

1.3 危険物規制

ガソリンや灯油、アルコールなど燃焼や爆発といった火災危険が高い物質(消防法上の「危険物」)を一定数量以上貯蔵したり取扱う場合には、市町村長等の許可を受けた施設「危険物施設」で行わなければならないとされています。

この許可は危険物の貯蔵・取扱いごとに一つの単位として扱われます。例えば、ガソリンスタンドは一つの危険物施設であり、また大きな石油タンク(屋外タンク貯蔵所と言います。)も一つの危険物施設となります。

この危険物施設については、通常の事業所に比べて災害発生の可能性が高く、災害発生の場合に付近周辺への影響が高いことから、災害対策基本法第7条に規定する「防災上重要な施設」に該当します。

規制のハード面として、危険物施設としての許可を受けるためには、位置・構造・設備について詳細な基準があり、また維持管理についても遵守しなければなりません。

ソフト面としては、危険物施設において危険物を取扱う場合には、「危

険物取扱者」（有資格者）が行うか、若しくは立ち会うことが必要となります。

　さらに、危険物を大量に扱う施設においては、「危険物保安監督者」、「危険物保安統括管理者」を選任し、火災の予防と火災や災害による被害の軽減を図る体制を整備しなければなりません。

　また、一定規模の危険物施設においては、自主保安基準となる「予防規程」を作成し、遵守しなければならないこととされています。

　この予防規程には、危険物の保安に関する業務を管理する者の職務及び組織に関することや危険物の保安に係る作業に従事する者に対する保安教育に関すること、危険物の保安のための巡視、点検及び検査に関すること、危険物施設の運転又は操作、取扱い作業の基準に関することといったことに加えて、災害その他の非常の場合に取るべき措置に関すること、地震及び地震に伴う津波の発生時等における施設等の点検、応急措置等に関することなどを定めなければなりません。

2　石油コンビナート等災害防止法

　危険物施設においては、その施設の危険性を鑑みて、災害の予防、被害の軽減を図るため、前述のように、防災体制の整備を図ることが規定されていますが、こうした危険物施設を多数所有する事業所が集中した石油コンビナート等においては、危険物に加えて高圧ガスなどの可燃性物質も大量に集積されており、消防法の規制だけではなく、高圧ガス保安法や毒物及び劇物取締法、労働安全衛生法といった多くの法令（複数の省庁が所管する）の適用も受けるため、石油コンビナート等の災害に対する総合的な防災体制の確立を図ることを目的としているのが石油コ

ンビナート等災害防止法になります。

　この法律は、昭和49年に、岡山県倉敷市の三菱石油株式会社水島製油所の４万８千キロリットルの屋外タンクの一部が破損し、大量の重油が海上に流出して周辺地域・海域に多大なる被害をもたらした事故を契機に制定されました。

　石油コンビナート等災害防止法に基づき、石油または高圧ガスを大量に集積している地域を特別防災区域として指定し、この地区が所在する都道府県においては、石油コンビナート等防災本部の設置、石油コンビナート等防災計画の作成、都道府県や市町村関係機関が一体となった災害応急対策の実施など防災体制の確立を図ることとされています。

　公共団体だけでなく、大量の危険物やガスを扱う特定事業所（危険物とガスの量によって、第１種特定事業所、第２種特定事業所に区分される。）においては、大型化学消防車などを配置して自衛防災組織を設置するほか、特定事業者（特定事業所を設置している者）は、特定事業所の自衛防災組織を統括させるため「防災管理者」を選任することとされています。

【石油コンビナート等災害防止法】

第17条
　特定事業者は、その特定事業所ごとに、防災管理者を選任し、自衛防災組織を統括させなければならない。
　第２項～第７項略

3 責務を有する者

　第3章5.2で前述したとおり、災害対策基本法第7条第1項に規定する「その他法令の規定による防災に関する責務を有する者」には、上述のような「防火管理者」、「防災管理者」、「危険物取扱者」、「防災管理者（石油コンビナート等災害防止法）」などが該当すると考えられます。

　また、消防法における「防火管理者」・「防災管理者」は、防火対象物の管理について権原を有する者（管理権原者）が選任し、防火・防災管理上必要な業務を行わせなければならないとされており、危険物施設についても危険物施設の所有者、管理者、占有者が「危険物保安監督者」「危険物保安統括管理者」を選任し、危険物の取扱作業に関して保安の監督、危険物の保安に関する業務の統括管理をさせなければなりません。

　石油コンビナート等災害防止法における「防災管理者」は特定事業者（設置者）が選任して自衛防災組織の統括をさせなければならないと規定されています。災害対策基本法第3条から第6条に規定されている国や地方公共団体、指定公共機関等と並べて、それら以外の施設の管理者等の責務を規定していることと、関係法令の規定と併せて考えると、上述のような防火管理者などに加えて、防火対象物の管理権原者や危険物施設の所有者等、コンビナート事業所の特定事業者にもその責務があると考えられます。

　こうして考えると、災害対策基本法第7条第1項及び第2項の規定により、建物や危険物施設を所有する国内の企業の大半は防災に対する何らかの責務を有していると言えます。

4　水防法

　水防法は、昭和22年のカスリーン台風による利根川氾濫を契機として制定された法律で、洪水や雨水出水、高潮などの水災を警戒し、防ぎょし、及びこれによる被害を軽減することを目的としています。（水防法第1条）

　この法律では、上記の目的を達成するために、国をはじめとして都道府県や市町村（消防機関や水防団（ほとんど消防団と同組織）を含めて）の責務と役割に関する規定を中心にしていますが、洪水や高潮によって浸水が想定される地域（洪水浸水想定区域）内にある地下街や要配慮者利用施設、大規模な工場については、水災対策のための計画を作成することとされています。

　こうした施設については、あらかじめ避難に関する計画や対策を行っておかないと、洪水や雨水出水時に多大なる人的被害を生じることが想定されるためです。

　要配慮者利用施設とは、老人ホームや障がい者福祉施設などの社会福祉施設、学校、医療施設など防災上の配慮を必要とする人が利用する施設を言い、平成29年水防法の改正により、浸水想定区域などに所在する要配慮者利用施設の所有者または管理者に対し、避難確保計画を作成すること及び避難訓練を実施することが義務となりました。この避難確保計画には、防災体制、避難誘導、避難の確保を図るための施設の整備、防災教育及び訓練に関する事項を定めることとされています。また、その後の法改正によって、作成した避難確保計画に基づく避難訓練を実施した際の報告も義務化されています。

　「土砂災害警戒区域等における土砂災害防止対策の推進に関する法

律」、「津波防災地域づくりに関する法律」でも同様に、避難確保計画の作成、避難訓練の実施が義務付けられています。

【水防法】

第15条の2

前条第1項の規定により市町村地域防災計画にその名称及び所在地を定められた地下街等の所有者又は管理者は、単独で又は共同して、国土交通省令で定めるところにより、当該地下街等の利用者の洪水時等の円滑かつ迅速な避難の確保及び洪水時等の浸水の防止を図るために必要な訓練その他の措置に関する計画を作成しなければならない。

第2項〜第10項略

第15条の3

第15条第1項の規定により市町村地域防災計画にその名称及び所在地を定められた要配慮者利用施設の所有者又は管理者は、国土交通省令で定めるところにより、当該要配慮者利用施設の利用者の洪水時等の円滑かつ迅速な避難の確保を図るために必要な訓練その他の措置に関する計画を作成しなければならない。

第2項〜第4項略

第5項

第1項の要配慮者利用施設の所有者又は管理者は、同項に規定する計画で定めるところにより、同項の要配慮者利用施設の利用者の洪水時等の円滑かつ迅速な避難の確保のための訓練を行うとともに、その結果を市町村長に報告しなければならない。

第6項〜第8項略

第15条の4

第15条第1項の規定により市町村地域防災計画にその名称及び所在地を定められた大規模工場等の所有者又は管理者は、国土交通省令で定めるところにより、当該大規模工場等の洪水時等の浸水の防止を図るために必要な訓練その他の措置に関する計画を作成するとともに、当該計画で定めるところにより当該大規模工場等の洪水時等の浸水の防止のための訓練を実施するほか、当該大規模工場等の洪水時等の浸水の防止を行う自衛水防組織を置くよう努めなければならない。

第2項略

表11-1　関係法令における企業の防災体制の状況

	防火管理が必要な防火対象物数	防火管理者選任済		消防計画作成済	
消防法	1,079,288	896,597	83.1%	847,507	78.5%
	防災管理が必要な建築物等数	防災管理者選任済		防災管理に係る消防計画作成済	
	10,171	8,746	86.0%	8,340	82.0%
石油コンビナート等災害防止法	特別防災区域	特定事業所数			
	33都道府県98市町村79地区	650			
水防法	要配慮者利用施設数			避難確保計画作成済	
	116,178			99,149	85.3%

【出典】「令和4年版消防白書」（令和4年3月31日（特別防災区域、特定事業所数は4月1日）現在のデータ）及び「自衛水防（企業防災）について（要配慮者利用施設の浸水対策）」（国土交通省HP　令和4年9月30日現在のデータ）から著者作成

5　事業継続計画

企業の防災体制のひとつに、事業継続計画があります。

阪神・淡路大震災や東日本大震災をはじめとした地震災害だけでなく、

毎年のように発生する風水害においても、企業には大きな被害が生じており、災害によって企業が被災すると、その影響は被災企業にとどまらず、社会全体に大きな影響を与えることになります。

　そうしたことから、災害発生時に被災した場合でも、事業活動を継続していくことが企業の社会的使命として求められています。

　一般の企業にあっては事業継続計画の策定を義務付ける法律はありませんが、災害対策基本法第34条第1項に基づく「防災基本計画」においては、次のように記載されており、事業継続計画の策定は企業の努力義務とされています。

防災基本計画　令和5年5月　中央防災会議

> 第2編　各災害に共通する対策編
>
> 第1章　災害予防
>
> 　第3節　国民の防災活動の促進
>
> 　3　国民の防災活動の環境整備
>
> 　　(3)　企業防災の促進
>
> 企業は、災害時に企業の果たす役割（生命の安全確保、二次災害の防止、事業の継続、地域貢献・地域との共生）を十分に認識し、自らの自然災害リスクを把握するとともに、リスクに応じた、リスクコントロールとリスクファイナンスの組み合わせによるリスクマネージメントの実施に努めるものとする。具体的には、各企業において災害時に重要業務を継続するための事業継続計画（ＢＣＰ）を策定するよう努めるとともに、防災体制の整備、防災訓練の実施、事業所の耐震化・耐浪化、損害保険等への加入や融資枠の確保等による資金の確保、予想被害からの復旧計画策定、各計画の点検・見直し、燃料・電力等の

重要なライフラインの供給不足への対応、取引先とのサプライチェーンの確保等の事業継続上の取組を継続的に実施するなど事業継続マネジメント（ＢＣＭ）の取組を通じて、防災活動の推進に努めるものとする。特に、食料、飲料水、生活必需品を提供する事業者や医療機関など災害応急対策等に係る業務に従事する企業等は、国及び地方公共団体が実施する企業等との協定の締結や防災訓練の実施等の防災施策の実施に協力するよう努めるものとする。

　内閣府は、企業における事業継続計画の策定状況や防災への取組み状況を調査するため、「企業の事業継続及び防災の取組みに関する実態調査」を実施しています。

　この調査は隔年で実施されており、令和３年度は全国の約6,000社に対して行われました。（回答率は30.5％）アンケート結果では５割近くの企業が事業継続計画を策定済みであり、さらに策定中や策定予定を含めると約８割の企業が事業継続計画に取り組んでいることになります。

表11－2　事業継続計画の策定状況

回答結果（％）【n=1,839】

	策定済みである	策定中である	策定を予定している（検討中を含む）	予定はない	事業継続計画（ＢＣＰ）とは何かを知らなかった	その他	無回答
大企業	70.8	14.3	11.0	2.7	0.2	0.9	0.0
中堅企業	40.2	11.7	28.2	11.8	5.0	3.1	0.1
その他企業	41.9	11.3	20.3	16.5	6.8	3.1	0.2
全体	45.7	11.9	21.2	13.1	5.3	2.7	0.1

【出典】内閣府　令和３年度　企業の事業継続及び防災の取組みに関する実態調査
https://www.bousai.go.jp/kyoiku/pdf/chosa_210516.pdf

策定（予定）した最も大きなきっかけを問う設問に対して、大企業における回答では、「リスクマネージメントの一環として」と答えた企業が37.8％と最も多く、次いで「企業の社会的責任の観点から」と答えた企業も15.6％と2番目に多い回答となっています。自社のためだけでなく、社会貢献を踏まえた社会的責任を意識した結果であると考えられます。

表11−3　事業継続計画を策定（予定）した最も大きなきっかけ

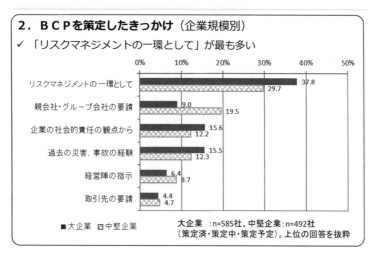

【出典】内閣府　令和３年度　企業の事業継続及び防災の取組みに関する実態調査の概要

　参考文献
・逐条解説災害対策基本法　防災行政研究会編集　発行：株式会社ぎょうせい
・「防災法」法律学講座：生田長人　発行所：株式会社信山社
・「防災行政と地方自治体」　人見剛、前田定孝　法律時報81巻9号
・「要配慮者利用施設における避難確保計画の作成・活用の手引き（洪水、雨水出水、高潮、土砂災害、津波）」　令和4年3月　国土交通省　水管理・国土保全局
　https://www.mlit.go.jp/river/bousai/main/saigai/jouhou/jieisuibou/pdf/tebiki.pdf
・「令和３年度　企業の事業継続及び防災の取組みに関する実態調査」内閣府
　https://www.bousai.go.jp/kyoiku/kigyou/pdf/chosa_210516.pdf

第 12 章

社会貢献組織

第4章で前述したように、災害対策基本法においては、各省庁を指定行政機関、地方整備局など国の地方行政機関を指定地方行政機関、日本銀行などの公共的機関や電気・ガスといった公益的事業を営む法人などを指定公共機関・指定地方公共機関として指定し、都道府県や市町村、さらに公共的な団体や防災上重要な施設の管理者を含めた、これら防災関係機関に対して、防災計画の作成や災害予防など災害対策に必要な基本事項を定めることなど、個別にその責務を規定しています。

これらの災害対策基本法において責任が課せられた団体以外にも、災害活動や復旧時の応急対策に大きな貢献を果たしている団体として、第10章で述べた「自主防災組織」の他、災害ボランティアやNPO、企業等の社会貢献活動（組織）があります。

1　災害ボランティア

まず、災害ボランティアを見ていきます。

一般的には、自発的な意志に基づいて他者や社会に貢献する行為がボランティア活動といわれており、自主性、社会性、無償性などが性格としてあげられ、地震や水害などの災害発生時に、被災地において復旧活動や復興活動を行うボランティアを指して災害ボランティアということができます。

災害ボランティアの活動には、がれきや土砂の排出、物資搬送、炊き出しといった直接的な支援だけではなく、被災者の社会生活を取り戻すための交流のコーディネートや直接の被災者への寄り添いなど、幅広いニーズに応じた活動も含むとされています。

阪神・淡路大震災のときには、救援物資の仕分け・搬送・搬入、炊き

出し、医療・介護、避難所運営、安否確認など、多種多様な被災者に対する支援を必要としましたが、その被害の甚大さから公的機関だけでは対応することができず、国内外から多くの人がボランティアとして被災地に駆け付けました。その人数は、震災から1年で延べ約138万人と推計されており、震災後1カ月では1日平均約2万人といわれています。

阪神・淡路大震災をきっかけにして、多くの人が災害時のボランティア活動に関心を持ち、また自らも参加するようになったことから、1995（平成7）年を「ボランティア元年」とも形容されています。

こうした災害時のボランティア活動は、阪神・淡路大震災にとどまらず、1997年に発生したナホトカ号重油流出事故時の海岸清掃作業などにつながっていき、現在に至っています。

また、この教訓から、災害時のボランティア活動などに対する認識と理解を深め災害への教訓とするため、1月17日を「防災とボランティアの日」、1月15日から21日までを「防災とボランティア週間」とすることが閣議決定されています。

表12-1 災害ボランティア数の推移

	災 害 名	ボランティア数
1995年	兵庫県南部地震（阪神・淡路大震災）	137.7万人
2004年	新潟県中越地震	9.5万人
2011年	東北地方太平洋沖地震（東日本大震災）	154.5万人
2014年	平成26年8月豪雨（広島豪雨災害）	4.3万人
2015年	平成27年関東・東北豪雨	5.3万人
2016年	熊本地震	11.8万人
2018年	平成30年7月豪雨（西日本豪雨）	26.4万人
2019年	令和元年房総半島台風（台風第15号）	2.3万人
2019年	令和元年東日本台風（台風第19号）	19.7万人
2020年	令和2年7月豪雨（熊本豪雨）	4.8万人

【出典】社会福祉法人全国社会福祉協議会　全国ボランティア・市民活動振興センター（https://www.saigaivc.com/data-katsudou/）データから著者作成

1.1 災害ボランティアの特色

指定行政機関や指定地方行政機関、公共機関や地方公共団体などの公的団体が、災害対策基本法などによって、その果たすべき責任が規定されていることに対して、ボランティアについてはその役割が固定されていないことから、かえって公的機関などでは対応が困難、不足する活動などに迅速に、柔軟に対応できるところに長所があります。

また、ボランティアニーズも当初の食料や物資配給、避難所運営などから、引っ越しや高齢者・要介護者へのケアなどへ時間経過とともに変化しますが、こうしたニーズの変化にも適切に対応していくことにも災害ボランティアの特色があります。

1.2 災害ボランティアの位置づけ

ただ、災害時におけるこうしたボランティアの活動に対する明確な位置づけや支援する規定は、阪神・淡路大震災当時には災害対策基本法をはじめとする関係法令にはありませんでした。

阪神・淡路大震災では、数多くのボランティアが駆け付けましたが、大半の人が初心者であったことだけでなく、行政側の受け入れ態勢が不十分であったことや経験豊富なボランティアコーディネーターが少なかったこともあり、多くの課題も浮かび上がりました。

そこで、1995（平成7）年に災害対策基本法が改正され、国及び地方公共団体が実施に努める事項のひとつに、自主防災組織の育成とともにボランティアによる防災活動の環境の整備などが追加されました。

1998（平成10）年には、ボランティアをはじめとする社会貢献活動を促進することを目的とした特定非営利活動促進法（NPO法）が制定され、ボランティア団体が法人格を持つことができるようになりました。

［災害対策基本法］

> 第8条第2項（第13号が平成7年の改正で追加）
>
> 国及び地方公共団体は、災害の発生を予防し、又は災害の拡大を防止するため、特に次に掲げる事項の実施に努めなければならない。
>
> 第13号　自主防災組織の育成、ボランティアによる防災活動の環境の整備、過去の災害から得られた教訓を伝承する活動の支援その他国民の自発的な防災活動の促進に関する事項（第1号〜第12号、第14号〜第19号略）

また、東日本大震災をはじめ、多くの災害において活発なボランティア活動が行われており、ボランティアが災害に果たす役割は今後ますます大きくなることが予想されることから、平成25年の災害対策基本法の改正では、国及び地方公共団体はボランティアの自主性を尊重しつつ、連携に努めることが規定されました。

［災害対策基本法］

> 第5条の3（平成25年の改正で追加）
>
> 国及び地方公共団体は、ボランティアによる防災活動が災害時において果たす役割の重要性に鑑み、その自主性を尊重しつつ、ボランティアとの連携に努めなければならない。

1.3　ボランティア活動の実態

内閣府が全国の20歳以上の8,000人を対象に実施したアンケート調査「市民の社会貢献に関する実態調査」（2013年度から実施（2016年度からは3年に1度））によると、2018年の1年間で、ボランティア活動に参加したことがあると回答した人は約2割でした。東日本大震災直後と比べて減少していますが、東日本大震災以前からボランティア活動を実施している人が多く、東日本大震災を契機としてボランティア活動を始めたのではないこともわかります。ただ、過去の調査と比較すると減

少傾向にあり、自然災害の発生と相関関係にあることは当然ですが、ボランティア活動に対する市民の意識が若干希薄になりつつあることが危惧されます。

　活動の参加分野では、「災害救助支援」は毎回10％程度となっていますが、「災害救助支援」への参加は、自然災害の発生によるボランティア活動のニーズに応じて高くなります。

　ボランティア活動に参加した理由では、「社会の役に立ちたい」が毎回トップとなっており、ボランティア活動に参加する多くの人が持つ動機である‘他者への思いやり’として、当然に考えられる結果ですが、「活動を通じて自己啓発や自らの成長につながると考えるため」という自らの視点に立った動機も、ボランティア活動参加への促進を考える上では見逃せない結果です。

　ボランティア活動は、自己ではなく「他者のため」になされる行動ですが、個人の生き甲斐や楽しみ、自己実現の観点から、「自分のため」のボランティア活動という一面も現れてきています。

　表12－2に2013年度から2019年度までの実態調査結果をまとめたものを示します。

　1.4　NPOによる災害ボランティア活動

　地域課題の解決に取り組むNPOやボランティア団体の中には、災害時にもその専門性や得意な活動分野を活かして、多様なニーズに対応したきめ細やかな支援が行われるところも見受けられます。

　個人（一般ボランティア）が行うボランティ活動とは別に、NPOなどでは、組織的に専門性を持ったボランティア活動を行うことができます。

　ボランティアニーズは、災害発生後の応急対応から復旧・復興に至るまでの時間経過とともに変化し、またその専門性も異なります。

表12-2　ボランティア活動に関するアンケート結果

調査年度	2019 (R1)	2016 (H28)	2015 (H27)	2014 (H26)	2013 (H25)	
設問の対象年度（2018・2015は年中）	2018	2015	2014	2013	2012	
ボランティア活動経験の有無（%）　（2014・2015年度調査は過去3年間、2013年度調査は期間なし）						
有り	17.0	17.4	23.3	26.8	35.0	
無し	83.0	82.6	76.7	73.2	65.0	
ボランティア活動に参加した分野（%）					震災 関連	震災 以外
まちづくり・まちおこし	29.9	25.5	26.6	29.4	16.7	31.7
子ども・青少年育成	24.1	25.9	23.2	23.0	9.7	31.0
地域安全	23.3	19.3	15.9	17.5	6.3	18.4
自然・環境保全	18.7	19.8	20.3	21.4	9.7	22.6
保険・医療・福祉	17.0	19.8	27.3	20.0	13.2	25.7
芸術・文化・スポーツ	16.8	16.0	19.2	17.0	11.1	22.0
災害救助支援	11.8	9.8	9.2	9.7	46.5	6.3
教育・研究	8.7	10.3	12.5	12.6	3.5	13.9
国際協力・交流	3.5	5.5	4.8	4.4	2.1	9.2
人権・平和	2.5	3.0	2.6	4.4	1.4	4.2
その他	11.6	11.5	8.9	5.5	12.5	5.4
ボランティア活動に参加した理由（%）						
社会の役に立ちたい	54.5	47.7	45.6	53.5		
活動を通じて自己啓発や自らの成長につながると考えるため	32.0	30.1	35.6	34.5	43.1	
自分や家族が関係してる活動支援	26.4	30.4	30.3	23.9	17.0	
職場の取組の一環	16.1	20.1	18.4	20.0		
知人や同僚等からの勧め	11.7	10.0	14.9	13.4	14.5	
自分が抱えている社会問題の解決に必要	6.6	6.6	6.9	6.8	4.6	
社会的に評価されるため	2.4	1.9	0.4	2.3	2.6	
その他	10.9	13.2	11.5	8.7	7.3	
困っている人を支援したい気持ち					41.1	
職業人や住民としての責務を果たすため					35.9	

【出典】内閣府資料から著者作成

一般ボランティアの活動については、ボランティアセンターによる専門性を活かしたマッチングもありますが、がれきや土砂の排出、片付け、清掃といった活動が中心となり、特に専門性を有するものではない活動分野が中心になりますが、個人では対応が困難で行政の手が回らないようなニーズ、例えば、重機を用いた土砂の排出、住家の応急措置や応急手当といった活動を行う NPO に加えて、見守り支援や学習支援、生活再建支援といった活動を行う NPO も数多く存在します。

　また、災害救援に特化した NPO はまだ少ない現状にありますが、例えば神戸市を中心に活動する救急ボランティアグループは、医師や消防士、警察官、看護師などの他、学生や主婦、会社員など様々な職業のメンバーによって構成されており、平常時の主な活動内容は、「応急手当講習普及活動」と大規模イベントなどにおける「救護班活動」ですが、全国各地で大規模な災害が発生した時の救護所における後方支援活動なども行っています。

2　企業の社会貢献

2.1　企業の法的位置づけ

　災害対策基本法第 2 条に指定する「指定公共機関として電気、ガスなどの公益的事業を営む法人」（指定地方公共機関も含む）や第 7 条第 1 項における「防災上重要な施設の管理者」については、法人・企業に対する災害対策上の責務が規定されています。

　さらに、平成 25 年の法改正によって、第 7 条に第 2 項として「災害応急対策または災害復旧に必要な物資若しくは役務の供給または提供を業とする者」（物資供給事業者等）が追加されましたが、それ以外の一般的な企業における災害対策上の役割はどうでしょうか。

[災害対策基本法]

第2条

この法律において、次の各号に掲げる用語の意義は、それぞれ当該各号に定めるところによる。

（第1号〜第4号、第7号〜第10号略）

第5号　指定公共機関　独立行政法人（独立行政法人通則法（平成十一年法律第百三号）第二条第一項に規定する独立行政法人をいう。）、日本銀行、日本赤十字社、日本放送協会その他の公共的機関及び電気、ガス、輸送、通信その他の公益的事業を営む法人で、内閣総理大臣が指定するものをいう。

第6号　指定地方公共機関　地方独立行政法人（地方独立行政法人法（平成十五年法律第百十八号）第二条第一項に規定する地方独立行政法人をいう。）及び港湾法（昭和二十五年法律第二百十八号）第四条第一項の港務局（第八十二条第一項において「港務局」という。）、土地改良法（昭和二十四年法律第百九十五号）第五条第一項の土地改良区その他の公共的施設の管理者並びに都道府県の地域において電気、ガス、輸送、通信その他の公益的事業を営む法人で、当該都道府県の知事が指定するものをいう。

第7条

地方公共団体の区域内の公共的団体、防災上重要な施設の管理者その他法令の規定による防災に関する責務を有する者は、基本理念にのつとり、法令又は地域防災計画の定めるところにより、誠実にその責務を果たさなければならない。

第2項　災害応急対策又は災害復旧に必要な物資若しくは資材又は役務の供給又は提供を業とする者は、基本理念にのつとり、災害

時においてもこれらの事業活動を継続的に実施するとともに、当該事業活動に関し、国又は地方公共団体が実施する防災に関する施策に協力するように努めなければならない。（第3項略）

第49条の3
災害予防責任者は、法令又は防災計画の定めるところにより、その所掌事務又は業務について、災害応急対策又は災害復旧の実施に際し物資供給事業者等（災害応急対策又は災害復旧に必要な物資若しくは資材又は役務の供給又は提供を業とする者その他災害応急対策又は災害復旧に関する活動を行う民間の団体をいう。以下この条において同じ。）の協力を得ることを必要とする事態に備え、協定の締結その他円滑に物資供給事業者等の協力を得るために必要な措置を講ずるよう努めなければならない。

2.2　企業の社会貢献としての災害対応

一般企業においても、高い倫理観と社会的責任感を持って活動し、社会の一員として信頼される必要があることから、通常の業務とは異なる社会的な公益活動、社会貢献活動を行うことは、現代社会においては企業の使命のひとつであるともされ、災害ボランティア活動への参画は、大企業の社会貢献活動のひとつとして、また地域の一員としての活動としても現れています。

例えば、被災地への従業員の派遣を行っている企業も数多くあります。

また、子供たちへの教育支援、仮設住宅を訪問しての心のケア・自律的復興への支援、避難所での散髪といった、自社の有する専門性や、知識・技術を活用したボランティア活動も少なくありません。

　また、地域の一員として、例えば、避難者への自社敷地・建物の一部開放、水・食料その他物資の提供、社員の地域防災活動への参加、合同防災訓練、地元地域の災害救援業務を支援する技術者の派遣を行うことなどを、行政だけではなく地域の自主防災組織と協定を結んでいる例もあります。

　ここで、問題となるのは、こうした一般企業の災害対策基本法上の位置づけです。

　平成25年の法改正では、前述のように（法第7条第2項）、物資供給事業者等に対して、事業活動の継続実施と公共団体等への協力が追加規定されており、また法第49条の3においては災害予防責任者（指定行政機関の長及び指定地方行政機関の長、地方公共団体の長など）は物資供給事業者等と協定の締結など必要な措置をとる努力義務が規定されました。

　このことから、国や地方公共団体においては、多くの物資供給事業者等と協定を結んでいますが、前述したような防災上重要な施設や物資供給事業者以外には、法においてその責務が明確にされていません。

　指定公共機関や物資供給事業者等以外においても、災害時の応急対策や復旧・復興における大きな役割が期待されるところで、一般企業等への法的な位置づけも規定されることが望ましいと考えます。

参考文献

・「阪神・淡路大震災：兵庫県の1年の記録」　編集者：兵庫県　発行者：兵庫県知事公室消防防災課
・「ひょうご震災20年ボランタリー活動検証報告書」　兵庫県／ひょうご震災20年ボランタリー活動検証報告書(平成27年3月)　(hyogo.lg.jp)
・「東日本大震災における共助による支援活動に関する調査報告書～支援側および受援側の意識の変化について～」内閣府防災担当
・「広く防災に資するボランティア活動の促進に関する検討会　提言」内閣府 https://www.bousai.go.jp/kaigirep/kentokai/bousai_volunteer/pdf/teigen_honbun.pdf
・7－2　阪神・淡路大震災の経験と対応：防災情報のページ - 内閣府 (bousai.go.jp)
・「企業が進める社員のボランティア活動に関する事例集」　東京都 https://www.seikatubunka.metro.tokyo.lg.jp/chiiki_tabunka/chiiki_katsudo/kyouyo/files/0000001072/HP_kigyou_jireishu.pdf
・「令和元年度市民の社会貢献に関する実態調査報告書　令和2年6月」　内閣府 https://www.npo-homepage.go.jp/uploads/r-1_houkokusyo.pdf
・「事業継続計画（BCP）における地域貢献・連携の研究」　鍵屋一・磯打千雅子　地域安全学会梗概集　No.25,2009,11

【著者略歴】 松山 雅洋（まつやま　まさひろ）

1954 年 大阪市生まれ
1978 年 日本大学経済学部卒業
2010 年 神戸市危機管理室長
2012 年 神戸市消防局予防部長
2020 年 神戸学院大学現代社会学部教授

著書
・2012/08　超広域大規模災害に備える「神戸市における防災行政と災害
　対応」単著　トゥエンティワン出版部
・2018/09　映画に学ぶ危機管理　共著　晃洋書店
論文
・2022 年 東日本大震災の行政職員による被災地支援（「消防研修」寄稿、
　総務省消防庁）
・2019 年 災害時要配慮者の避難行動支援体制づくりに及ぼすソーシャルキャピタルの
　効果 - 神戸市の防災福祉コミュニティを事例として　地域安全学会論文集　共
　著　査読有
・2015 年 Organizational　Structure and　Institutions for Disaster
　Prevention: Research on the1995 Great Hanshin-Awaji Earthquake in
　Kobe CityJournal of Disaster Research　Journal of Disaster Research
　Vol.10 No.6, 2015 1051-1066　共著　査続あり

【著者略歴】 瀬川　巖（せがわ　いわお）

1958 年 西宮市生まれ
1982 年 甲南大学大学院　自然科学研究科　物理学専攻　修士課程修了
2012 年 神戸市危機管理室長
2013 年 神戸市民防災総合センター長（神戸市消防学校長）
2016 年 神戸市消防局予防部長
2023 年 神戸学院大学現代社会学部　客員教授

論文
・2023 年　企業における防災教育のあり方に関する一考察　防災教育学会
　論文集 共著 査続あり
・2023 年　市民による応急手当の普及と民間ボランティア団体の果たす役
　割　社会貢献学会論文集　共著　査続あり

防災行政学入門

発行日　2023年9月30日
著　者　松山雅洋・瀬川巌©
装　丁　二宮　光©
発行人　中村　恵
発　行　神戸学院大学出版会

印刷所　モリモト印刷株式会社

発　売　**株式会社エピック**

　　　　651‐0093　神戸市中央区二宮町1‐3‐2
　　　　電話 078 (241) 7561　　FAX 078 (241) 1918
　　　　https://epic.jp　　　E-mail: info@epic.jp